a arte de
motivar os estudantes
do ensino médio
para a matemática

P855a   Posamentier, Alfred S.
       A arte de motivar os estudantes do ensino médio para a matemática / Alfred S. Posamentier, Stephen Krulik ; tradução: Roberto Cataldo Costa ; revisão técnica: Katia Stocco Smole. – Porto Alegre : AMGH, 2014.
       128 p. : il. ; 23 cm.

       ISBN 978-85-8055-367-3

       1. Educação. 2. Método de ensino – Matemática – Ensino médio. I. Krulik, Stephen. II. Título.

CDU 37.02:51

Catalogação na publicação: Ana Paula M. Magnus – CRB 10/2052

ALFRED S. POSAMENTIER
*Diretor da Faculdade de Educação e professor
de educação matemática no Mercy College, Nova York*

STEPHEN KRULIK
Professor Emérito de educação matemática na Universidade Temple, Filadélfia

a arte de motivar os estudantes do ensino médio para a matemática

Tradução:
Roberto Cataldo Costa

Revisão técnica:
Katia Stocco Smole
*Doutora e Mestre em Educação (Ensino de Ciências e Matemática)
pela Universidade de São Paulo (USP).
Coordenadora do Grupo Mathema.*

AMGH Editora Ltda.

2014

Obra originalmente publicada sob o título
The Art of Motivating Students for Mathematics Instruction, 1st Edition
ISBN 0078024471 / 9780078024474

Original edition copyright © 2012, The McGraw-Hill Companies, Inc., New York, New York 10020. All rights reserved.

Portuguese language translation copyright © 2014, AMGH Editora Ltda., a Grupo A Educação S.A. company. All rights reserved.

Gerente editorial: *Letícia Bispo de Lima*

Colaboraram nesta edição:

Editoras: *Lívia Allgayer Freitag e Priscila Zigunovas*

Capa: *Márcio Monticelli*

Imagem da capa: © *shutterstock.com / Goldenarts, Hand drawn 3d numbers vector set, pen and ink drawing traced*

Preparação de originais: *Cynthia Beatrice Costa*

Leitura final: *Cristine Henderson Severo*

Editoração: *Armazém Digital Editoração Eletrônica – Roberto Vieira*

Reservados todos os direitos de publicação, em língua portuguesa, à
AMGH EDITORA LTDA., uma parceria entre GRUPO A EDUCAÇÃO S.A.
e McGRAW-HILL EDUCATION
Av. Jerônimo de Ornelas, 670 – Santana
90040-340 – Porto Alegre – RS
Fone: (51) 3027-7000   Fax: (51) 3027-7070

É proibida a duplicação ou reprodução deste volume, no todo ou em parte, sob quaisquer formas ou por quaisquer meios (eletrônico, mecânico, gravação, fotocópia, distribuição na Web e outros), sem permissão expressa da Editora.

Unidade São Paulo
Av. Embaixador Macedo Soares, 10.735 – Pavilhão 5 – Cond. Espace Center
Vila Anastácio – 05095-035 – São Paulo – SP
Fone: (11) 3665-1100   Fax: (11) 3667-1333

SAC 0800 703-3444 – www.grupoa.com.br

IMPRESSO NO BRASIL
PRINTED IN BRAZIL
Impresso sob demanda na Meta Brasil a pedido de Grupo A Educação.

A Barbara, por seu apoio, sua paciência e inspiração.
Aos meus filhos e netos: David, Lauren, Lisa, Danny, Max, Sam e Jack.
E em memória de meus amados pais, Alice e Ernest, que nunca perderam a fé em mim.
Alfred S. Posamentier

À minha mulher, Gladys, minha melhor amiga, crítica e amor da minha vida, que me dá a motivação para seguir em frente.
Stephen Krulik

Apresentação à edição brasileira

Um dos elementos mais importantes para garantir a aprendizagem de um aluno é sem dúvida a aula, seja ela na modalidade presencial ou na *online*. É na aula que educador e educando se encontram para que o primeiro desafie o segundo a saber mais.

Dar uma aula que motive os alunos a aprender cada vez mais tem sido o desafio incessante dos professores desde sempre. Em particular, se a disciplina for matemática o desafio amplia-se consideravelmente, dado que são históricas algumas das dificuldades para ensinar e aprender essa disciplina, em qualquer lugar do mundo. Todos os professores, sem exceção, desejam motivar seus alunos para que aprendam matemática e veem na aula o lugar para fazer isso.

Na busca pela aula de qualidade há inúmeras perguntas a se responder: como gerir o tempo, quais materiais e recursos utilizar, como avaliar as aprendizagens ou quais atividades os alunos farão durante a aula. Cremos, entretanto, que a pergunta mais frequente que qualquer educador matemático se faz é a respeito de como despertar o interesse dos alunos para aprender um determinado conceito ou noção matemática.

Quando se é professor dos anos iniciais da escola básica, a tarefa de motivar os alunos parece mais simples, uma vez que recursos como jogos, brincadeiras, aplicativos e materiais didáticos estão disponíveis em boa quantidade para serem utilizados em aula e os alunos, devido à faixa etária em que se encontram, os aceitam bem, o que pode não ocorrer da mesma forma nos anos finais do ensino fundamental e, em particular, no ensino médio.

Considerando isso, é com satisfação que apresentamos a obra *A arte de motivar os estudantes do ensino médio para a matemática*, cuja proposta é auxiliar os professores de ensino médio, em especial aqueles que ingressam na carreira, a criar situações de motivação dos seus alunos para a aprendizagem na aula de matemática.

Escrita por Alfred S. Posamentier e Stephen Krulik, dois pesquisadores cuja dedicação, pesquisa e contribuição para a educação matemática dispensam apresentação, a obra valoriza o professor e seu papel na elaboração e condução de uma aula que ajude os alunos a aprender. Os autores defendem a ideia de que a chave para um ensino eficaz é a capacidade do professor de captar o interesse dos alunos para aquilo que se deseja ensinar e consideram que isso depende do planejamento feito ainda na preparação da aula.

Ao pensar em como auxiliar os professores de ensino médio a motivarem seus alunos para aprender matemática, os autores optaram por abordar um ponto específico da aula: o início, porque partem do pressuposto de que esse momento é essencial como chance de se captar, ou despertar, o interesse do aluno para o que virá. Pensar esse momento, na visão dos autores, é um desafio para os educadores matemáticos, em particular aqueles que iniciam como professores.

A partir dessa opção, Posamentier e Krulik apresentam em cada capítulo estratégias que consideram motivadoras, bem como a forma de desenvolvê-las em aula. Alguns aspectos merecem destaque nas propostas feitas pelos autores. O primeiro deles, sem dúvida, é o fato de que as sugestões apresentadas têm centralidade na matemática propriamente dita, isto é, os autores optaram por sugerir situações problematizadoras que envolvem os conteúdos que serão estudados. Eles acreditam que, a partir do desafio matemático, é criado um contexto que mobiliza os alunos a aprender matemática.

Outro aspecto que merece destaque é a simplicidade da execução da proposta, uma vez que os problemas apresentados aos alunos não requerem nenhum recurso especial ou, no máximo, apenas a utilização de um projetor multimídia. Ao ler as propostas é possível intuir ainda uma referência para a organização da própria aula, para a forma de conduzi-la, para como explorar um problema.

A variedade de propostas é grande. Algumas são mais desenvolvidas, outras apenas sugeridas. Há sugestões que se pode aplicar imediatamente em nossas aulas, outras nem tanto. É mesmo possível, e até desejável, que ao ler o livro o professor de matemática discorde de algumas propostas, ou não veja sua aplicabilidade imediata em função de especificidades do currículo brasileiro, que diferem do cenário dos Estados Unidos, país dos autores da obra.

Esse movimento natural de análise e crítica, entretanto, não tira os principais méritos que vemos na proposta do livro: a valorização do professor, da aula e da própria matemática. O Brasil carece de estudos e propostas sistematizadas que tragam luzes acerca do ensino de matemática no ensino médio, lacuna que, sem dúvida, esta obra ajuda a preencher.

Katia Stocco Smole
Doutora e Mestre em Educação
(Ensino de Ciências e Matemática)
pela Universidade de São Paulo (USP).
Coordenadora do Grupo Mathema.

Sumário

Introdução 13

Capítulo 0 *A arte de motivar os estudantes do ensino médio para a matemática* 15
    O que é motivação? 16

Capítulo 1 *Indique uma lacuna no conhecimento dos alunos* 21
    Tema: A lição introdutória sobre a razão da tangente 22
    Tema: Quadriláteros especiais 23
    Tema: Determinando a medida de um ângulo
        formado por duas secantes de um círculo 24
    Tema: Segmentos tangentes ao mesmo círculo 26
    Tema: Introdução da fórmula de Heron
        para encontrar a área de um triângulo 27
    Tema: Apresentação da Fórmula do cálculo das raízes
        de uma equação de 2º grau ou fórmula de Báskara 28
    Tema: Lição introdutória sobre números imaginários 29
    Tema: Encontrando a soma e o produto
        das raízes de uma equação de 2º grau 30
    Tema: Introdução a equações exponenciais 31

Capítulo 2 *Descubra um padrão* 32
    Tema: Técnicas de contagem 33
    Tema: Apresentação de expoentes inteiros não positivos 34
    Tema: Cautela com os padrões 35
    Tema: A soma da medida dos ângulos internos de um polígono 38
    Tema: Introdução à contagem de combinações 39

Capítulo 3 *Apresente um desafio* 41
    Tema: Apresentação da ordem de operações 41
    Tema: Determinando números primos 44
    Tema: Aplicações algébricas 45
    Tema: Introdução ao conceito de π 46
    Tema: Compreendendo o valor de π 47
    Tema: Apresentação da circunferência de um círculo 48

Tema: Encontrando a soma dos ângulos internos de um polígono......49
Tema: Provando que triângulos são congruentes......50
Tema: Introdução de séries geométricas......52

Capítulo 4 *Instigue a turma com um resultado
matemático surpreendente e impressionante*......53
Tema: Introdução à natureza da prova......54
Tema: Teorema de Tales......55
Tema: Apresentação da natureza (ou importância) da prova......56
Tema: Analisando a divisão por zero......58
Tema: A lição introdutória sobre espaço amostral
em preparação para probabilidade......59
Tema: Introdução ao conceito de área, ou olhando além do esperado......60
Tema: Introdução à área de um círculo ou para
encontrar áreas de figuras semelhantes......62
Tema: Série geométrica infinita......63

Capítulo 5 *Explique a utilidade de um tema*......64
Tema: Introdução a proporções......64
Tema: Aplicando álgebra......65
Tema: Introdução aos triângulos semelhantes......66
Tema: Introdução à aritmética modular......67
Tema: Introdução à intersecção das bissetrizes de um triângulo......67
Tema: Determinando o volume de um cilindro circular reto......69
Tema: Introdução à probabilidade – resultados esperados......70
Tema: Apresentação do produto dos segmentos de
duas cordas de um círculo que se intersectam......71
Tema: Introdução ao circuncentro de um triângulo......72

Capítulo 6 *Utilize matemática recreativa*......74
Tema: Identificando fatores de números......75
Tema: Entendendo percentuais......76
Tema: Reforçando um pouco de pensamento lógico no trabalho matemático...77
Tema: Racionalizando o denominador de uma fração......78
Tema: Aplicações de álgebra explicando peculiaridades aritméticas......79
Tema: Aplicações de peculiaridades algébricas contraintuitivas......81
Tema: Introdução às regras de divisibilidade,
principalmente a divisibilidade por 11......82
Tema: Aplicação de soluções algébricas para problemas com algarismos......84

Capítulo 7 *Conte uma história pertinente*......86
Tema: Apresentação das regras de divisibilidade......87
Tema: Introdução ao valor de π......88
Tema: Introdução a números primos......89
Tema: Encontrando a soma de uma série aritmética......90
Tema: Introdução ao Teorema de Pitágoras......91

Tema: Introdução ao baricentro de um triângulo 92
Tema: Apresentação da Lei dos Senos 94
Tema: Volume e área de superfície de uma esfera 95
Tema: Descobrindo uma função que produz números primos 97

Capítulo 8 *Envolva os alunos ativamente na justificativa de curiosidades matemáticas* 99
Tema: Introdução à probabilidade 99
Tema: Uma lição sobre os problemas de algarismos e valor de posição 101
Tema: Aplicação de problemas de algarismos em álgebra 102
Tema: Introdução ao sistema de numeração de base 2 104
Tema: Aplicação de problemas de algarismos em álgebra,
 ou uso de álgebra para justificar uma peculiaridade aritmética 105
Tema: Introdução às propriedades da linha média de um triângulo 106
Tema: Aplicando a função trigonométrica da soma dos ângulos 108

Capítulo 9 *Use materiais feitos pelo professor ou vendidos prontos* 110
Tema: Apresentação do conceito de uma função 111
Tema: Desenvolvendo a fórmula da área de um círculo 112
Tema: Desenvolvendo a soma dos ângulos de um triângulo 113
Tema: Introdução à desigualdade triangular 114
Tema: Apresentação do Teorema de Pitágoras 115
Tema: Ampliando o Teorema de Pitágoras 117
Tema: Introdução à medição de ângulos
 com um círculo, movendo o círculo 118
Tema: Conceito de triângulos semelhantes 121
Tema: Introdução a polígonos regulares 122
Tema: Apresentação da parábola 124

Índice 126

Introdução

Acreditamos que a chave para um ensino eficaz é a capacidade do professor de captar o verdadeiro interesse dos alunos pelo material a ser ensinado. Isso, naturalmente, depende do planejamento que o professor fizer na preparação da aula. Talvez o aspecto mais importante de qualquer aula seja o seu início, quando o professor deve motivar os alunos para o que virá – o que pode ser feito de várias maneiras e está relacionado, em grande parte, à personalidade e à voz do professor. Estudos já mostraram que o que o professor diz responde por 7% do conjunto da eficácia; seu tom de voz e seu entusiasmo, por 38%; e a "linguagem corporal", por 55%. Os professores devem ser divertidos, sem nunca perder o controle da aula, e não ser tão roteirizados a ponto de impedir que se revelem as peculiaridades que qualquer turma de alunos tem.

No entanto, até mesmo o melhor estilo de apresentação – uma parte importante de qualquer desempenho de ensino – só pode proporcionar uma parte da eficácia geral. O conteúdo abordado é fundamental! Isso nos leva ao tema do livro, ou seja, às técnicas que podem ser usadas para motivar os alunos nos primeiros minutos de quase qualquer aula de matemática. Esta pode ser a parte mais difícil na preparação de uma aula, e requer um pouco de criatividade, mas compensa, possibilitando uma aula bem-sucedida. É um investimento de tempo que vale muito a pena.

Fizemos esta breve introdução para que você possa passar ao Capítulo 0. É nele que o livro começa de verdade. Tenha em mente, ao ler este livro, que o que estamos apresentando não é apenas um conjunto de elementos motivadores específicos (que certamente podem ser usados quando for o caso). Eles devem ser tomados como exemplos de diferentes tipos de motivadores. Esperamos que você considere este livro como um começo para ajudar a desenvolver o seu próprio conjunto de fatores motivadores, especialmente concebido para a sua situação de ensino. Lembre-se: uma parte extremamente importante do seu ensino é motivar os alunos a querer aprender matemática!

AGRADECIMENTO

Os autores gostariam de agradecer à Dra. Martina Müller, exímia professora de matemática do ensino médio em Viena, Áustria, por sua cuidadosa contribuição às introduções aos capítulos.

A arte de motivar os estudantes do ensino médio para a matemática

CAPÍTULO 0

Dar uma aula eficaz deve ser o objetivo de todos os professores, todos os dias. Isso representa um desafio especial para o professor de matemática e um desafio a mais para o professor do ensino médio, em cujas classes há alunos não muito animados com o conteúdo. Os estudantes precisam de uma aula emocionante, que seja pensada com cuidado e elaborada adequadamente para cada turma. O início de uma aula, que não apenas dá o tom, mas também pode garantir que os alunos sejam receptivos ao conteúdo que virá, é um dos desafios mais desconcertantes, principalmente para os professores novos: como despertar o interesse dos alunos por aquela aula.

Por décadas, os professores têm procurado maneiras de fazer isso de forma eficaz. Geralmente, sem uma fórmula definitiva para a motivação, o melhor que eles podem fazer é começar a lição de maneira interessante e permitir que o seu entusiasmo genuíno seja transmitido durante a aula. Muitas vezes, isso é contagioso e funciona para motivar a turma. (O entusiasmo fingido ou exagerado, no entanto, é facilmente percebido pelos alunos e pode ter um efeito nocivo sobre a percepção deles acerca do professor.) O que é necessário é que os professores desenvolvam – ao longo do tempo – um arsenal de estratégias de motivação para iniciar as suas aulas de matemática. Isso pode ser feito simplesmente partindo dos interesses da turma e tentando relacioná-los à aula. Por exemplo, esse raciocínio sugere que a geometria, graças à sua natureza visual, teria facilidade de gerar interesse entre os alunos, se bem apresentada. Infelizmente, nem sempre é assim. Grande parte do conteúdo do ensino médio trata de provar teoremas e, depois, de aplicá-los a problemas que podem ser percebidos como superficiais. Os alunos interessados em matemática, em geral, provavelmente ficarão entusiasmados com isso, já que irão se interessar por quase qualquer atividade matemática. No entanto, um professor eficaz deve concentrar muita atenção nos alunos menos interessados – aqueles que precisam se motivar para explorar os temas que estão sendo apresentados.

Em vez de desenvolver ideias para motivar os alunos com temas de interesse especial do professor – muitas vezes com base na experiência pessoal do docente – os professores devem se fortalecer com um conjunto de técnicas das quais se podem tirar atividades motivacionais para praticamente qualquer aula de matemática. Isso é precisamente o que este livro se destina a fornecer: um conjunto de nove estratégias motivacionais testadas ao longo do tempo, aplicáveis a vários tópicos de matemática em quase todas as séries. O foco aqui é o ensino médio, apresentando-se muitos exemplos ilustrativos para cada estratégia motivacional. Lembre-se: o objetivo é desenvolver formas de tornar a matemática atraente.

O QUE É MOTIVAÇÃO?

Motivar alunos é canalizar os seus interesses para o tema específico a ser aprendido. Este livro irá examinar nove técnicas que podem ser aplicadas para motivar alunos de matemática do ensino médio. Para cada técnica, serão apresentados exemplos que ilustram a ampla variedade de aplicações que podem ser usadas diretamente em sala de aula, e, talvez o que seja mais importante, elucidaremos as técnicas para que o professor possa desenvolver outras aplicações. Orientar o professor no desenvolvimento de outros dispositivos motivacionais com base nas origens e nos interesses dos alunos proporciona uma habilidade que, com o tempo, irá se revelar um inestimável apoio ao ensino.

Para muitos professores, motivar alunos para aprender matemática é a principal preocupação ao se prepararem para dar uma aula. Os alunos que passam a ser interessados e receptivos tornam o resto do processo de ensino mais fácil e muitíssimo mais eficaz. Existem basicamente dois tipos de motivação: a extrínseca e a intrínseca. A motivação extrínseca ocorre geralmente fora do controle do aluno, no ambiente de aprendizagem, e, em grande medida, sob o controle do professor. A motivação intrínseca ocorre no próprio aluno e pode ser desenvolvida pelo professor, tendo em mente vários princípios. As técnicas deste livro foram projetadas com o objetivo de fornecer métodos significativos e eficazes para motivar intrinsecamente alunos de matemática.

Ao se pensar em maneiras de gerar interesse dos alunos por um tópico de matemática, de súbito vêm à mente certos métodos *extrínsecos* de motivação, como recompensas que ocorrem fora do controle do aluno. Entre elas, estão as recompensas econômicas simbólicas por bom desempenho, a aceitação dos colegas desse bom desempenho, a falta da "punição" ao ter bom desempenho, elogios por um bom trabalho e assim por diante. Os métodos extrínsecos são eficazes de várias maneiras. A criação e o ambiente em que cresceram têm muito a ver com a adaptação que os alunos fazem de motivadores extrínsecos comumente aceitos.

No entanto, muitos demonstram objetivos intrínsecos em seu desejo de compreender um tema ou conceito (relacionado a tarefas), superar os outros (relacionado ao ego) ou impressionar os outros (relacionado ao âmbito social). O último objetivo atravessa a fronteira entre o intrínseco e o extrínseco.

De uma forma mais estruturada, os motivadores *intrínsecos* tendem a corresponder aos seguintes tipos básicos:

- *O aluno quer desenvolver competências.* Os alunos estão muito mais ansiosos para resolver um problema desafiador do que um que seja rotineiro. Não é incomum ver alunos que iniciam a sua lição de casa optando pelo problema chamado de "desafio para especialistas", mesmo que o tempo gasto nele os impeça de responder às questões restantes, que podem ser consideradas trabalho de rotina.
- *O aluno é curioso sobre novos eventos e atividades.* É uma característica humana natural procurar situações inusitadas ou desafios que possam ser vencidos por habilidades

e conhecimentos existentes e, assim, proporcionar uma sensação de competência. Quando despertada, a curiosidade do aluno sobre estímulos incomuns se torna uma forma de motivação.
* *O aluno tem necessidade de se sentir autônomo.* O desejo de atuar em algo como resultado da própria vontade costuma ser um fator motivador no processo geral de aprendizagem. Determinar por si mesmo o que deve ser aprendido, em oposição ao sentimento de que o aprendizado está sendo realizado para satisfazer outra pessoa ou para obter algum tipo de recompensa extrínseca, é outra necessidade humana básica.

A tarefa do professor é entender as motivações básicas já presentes nos alunos e capitalizar a partir delas. A seguir, o professor pode manipular esse conhecimento das motivações dos alunos para maximizar a eficácia do processo de ensino. Muitas vezes, essa manipulação pode resultar em algumas situações um tanto artificiais, inventadas especificamente para explorar as motivações de um aluno, a fim de gerar um interesse genuíno em um tópico. Isso é extremamente justo e muito desejável!

Com esses conceitos básicos em mente, existem técnicas específicas, que deveriam ser ampliadas, aprimoradas e adaptadas à personalidade do professor e, acima de tudo, adequadas ao nível de capacidade e ao contexto do aluno. As estratégias devem ser levadas à sala de aula regularmente. Elas devem ser usadas como ponto de partida para começar a aula e devem ser apresentadas com uma quantidade adequada de entusiasmo do professor – um produto essencial em todos os aspectos do ensino, mas particularmente apropriada ao se tentar motivar o aluno. Este livro irá dedicar um capítulo a cada uma das técnicas ou estratégias de motivação. Depois de uma apresentação completa de cada estratégia, o capítulo irá apresentar exemplos ilustrativos amplos de matemática em nível médio, com a esperança de que esses exemplos possibilitem ao leitor criar novas aplicações dessas estratégias a diversas turmas que são ensinadas.

Os primeiros 5 a 10 minutos de uma aula de matemática geralmente são percebidos por muitos alunos como tempo para se preparar confortavelmente para a lição que virá. Infelizmente, muitas vezes o tempo é usado para dar avisos, fazer a chamada e, talvez, rever o dever de casa do dia anterior. Para muitos alunos, isso é um convite aberto para chegar tarde, ficar com os amigos ou ignorar qualquer tentativa de trabalhar. A aula de matemática "de verdade" começa quando a turma se acomoda. Além disso, começar uma aula com essas atividades de organização costuma estabelecer um tom fraco para o resto do período. Os professores precisam de algumas atividades interessantes e incomuns para começar uma aula e incentivar os alunos a chegar pontualmente. Além de motivá-los para a aula do dia, este período inicial deve definir um tom positivo, de entusiasmo e, sempre que possível, ser utilizado para demonstrar o poder e a beleza da matemática.

Técnicas de motivação

Os seguintes temas serão examinados – um por capítulo – à medida que exploramos as técnicas para motivar o ensino da matemática em nível médio:

Indique uma lacuna no conhecimento dos alunos

Os alunos geralmente têm um desejo natural de completar o seu conhecimento de um tema. Esta técnica motivacional implica conscientizá-los a respeito de uma lacuna em seu conhecimento, capitalizando o seu desejo de aprender mais. Por exemplo, você pode apresentar alguns exercícios simples com situações conhecidas, seguidos de outros que envolvam situações desconhecidas sobre o mesmo tema. Ou pode falar (ou demonstrar) à turma como o tema a ser apresentado irá complementar os seus conhecimentos sobre uma determinada parte da matemática. Quanto mais intensamente você fizer isso, mais eficaz será a motivação. Orientar os alunos a descobrir essa lacuna de conhecimento por conta própria é mais eficaz.

Descubra um padrão

A criação de uma situação que leve os alunos a "descobrir" um padrão pode, muitas vezes, ser bastante motivadora, já que eles têm prazer em encontrar e, em seguida, "apropriar-se" de uma ideia. Alguns matemáticos consideram a descoberta de padrões essencial à sua pesquisa. O truque é usar o padrão para desenvolver o conceito que deve ser ensinado na lição.

Apresente um desafio

Ao serem desafiados intelectualmente, os alunos reagem com entusiasmo. Deve-se tomar muito cuidado na escolha do desafio. Um problema (se for esse o tipo de desafio usado) deve não apenas levar claramente ao conteúdo da lição, mas também deve ser apropriado às habilidades dos alunos. O desafio deve ser curto e não complexo. Não deve ser tão absorvente a ponto de ofuscar a lição que se pretende ensinar, o que certamente prejudicaria o propósito ao qual esse desafio foi destinado. Assim, os desafios podem proporcionar motivação para uma aula, mas não para outra. O discernimento do professor é importante nesse caso.

Instigue a turma com um resultado matemático surpreendente e impressionante

Resultados inesperados muitas vezes intrigam os alunos e estimulam a sua curiosidade. Para motivar a crença básica na probabilidade, por exemplo, discuta com a turma o famoso "problema dos aniversários". O seu resultado impressionante (e, ousamos dizer, inacreditável) deixará a turma perplexa e ansiosa para fazer um estudo mais aprofundado sobre probabilidade.

Explique a utilidade de um tema

Aqui, uma aplicação prática é apresentada no início da aula. A aplicação selecionada deve ser de interesse verdadeiro para a turma, breve e não muito complicada, de modo a motivar a aula, em vez de ofuscá-la. O interesse do aluno deve ser examinado com cuidado ao se selecionar uma aplicação. A utilidade pode ser determinada pelo conhecimento anterior dos alunos sobre o tema envolvido nesta aplicação prática.

Utilize a matemática recreativa

A matemática recreativa consiste em enigmas, jogos, paradoxos e outras formas de entretenimento matemático. Além de serem selecionados por seu ganho motivacional específico, esses dispositivos devem ser breves e simples. O aluno deve atingir a "recreação" sem muito esforço para que essa técnica efetivamente o motive para um conteúdo matemático a ser explorado.

Conte uma história pertinente

A narrativa de um evento histórico ou de uma situação pode motivar os alunos. Com muita frequência, no entanto, os professores, já conhecendo a história que estão prestes a contar e ansiosos para chegar à parte "quente" da lição, apressam-se na narrativa. Essa apresentação apressada minimiza a eficácia potencial que a história pode ter como dispositivo de motivação. Assim, um método cuidadosamente preparado de apresentação de uma história para motivar uma lição é quase tão importante quanto o conteúdo da história em si.

Envolva os alunos ativamente na justificativa de curiosidades matemáticas

Uma das técnicas mais eficazes para motivar os alunos é tentar justificar ativamente uma curiosidade matemática pertinente. Os alunos devem estar bem familiarizados com a curiosidade matemática antes de você os "desafiar" para que a justifiquem. Embora isso possa consumir mais tempo do que costuma ser alocado a uma atividade de motivação, justificar antes de esclarecer bem o assunto seria contraproducente.

Use materiais feitos pelo professor ou vendidos prontos

Aqui, a motivação pode ser alcançada mediante a apresentação à turma de materiais manipulativos de natureza incomum. Isso pode incluir materiais feitos pelo professor, como modelos de formas geométricas montados com canudos de refrigerante, transparências especificamente preparadas ou "ferramentas" práticas que ilustrem um princípio geométrico específico. Existem alguns bons materiais disponíveis em lojas, que vão de modelos geométricos a vídeos variados. Os materiais escolhidos devem ser examinados com cuidado, e a sua apresentação, minuciosamente planejada, de forma a motivar os alunos para a aula e não tirar a atenção dela.

Avançando no livro

Com cada capítulo tratando de uma dessas nove estratégias motivacionais, haverá uma introdução à técnica apresentada, juntamente com a teoria apropriada para consolidar as ideias do leitor. Virão, em seguida, exemplos ilustrativos sobre como a técnica pode ser aplicada aos vários níveis do ensino médio. Para cada exemplo apresentado, haverá variações de aplicação em sala de aula – configurações de grupos grandes e pequenos – conforme a situação. Em casos em que há conceitos matemáticos que possam ser um pouco fora do comum, haverá amplas justificativas e explicações, para que o leitor se sinta confortável usando a técnica.

À medida que se familiarizam com essas nove estratégias motivacionais, os professores devem ter em mente algumas regras básicas para a aplicação das técnicas. Oferecemos cinco dessas regras:

1. A atividade motivacional deve ser relativamente breve.
2. A atividade motivacional não deve ser exagerada. Ela deve ser um meio para um fim, não um fim em si mesma.
3. A atividade motivacional deve evocar o objetivo da lição no aluno. (Isso ajuda a determinar a real eficácia que a motivação teve.)
4. A atividade motivacional deve ser apropriada para o nível de habilidade, a prontidão e os interesses dos alunos.
5. A atividade motivacional deve se basear em motivações realmente presentes nos alunos.

Professores de matemática do ensino médio são sempre desafiados a encontrar maneiras de motivar as suas aulas. Infelizmente, há na sociedade um desprazer com o estudo da matemática que – é lamentável – contagia os alunos na escola. Uma das melhores formas de combater esse efeito sobre a educação de nossos jovens é motivá-los para essa disciplina. Que maneira melhor de fazer isso do que dotar de sentido o ensino matemático que eles recebem, começando, assim, com um aluno motivado? Este é o objetivo do livro. Os livros didáticos de hoje, com todas as suas ilustrações coloridas e sofisticados projetos gráficos, muitas vezes não tornam o conteúdo compatível com a sua aparência. Os tópicos geralmente são expostos de forma simples, sem a preocupação de encontrar técnicas motivacionais para apresentá-los. Esta é uma tarefa que fica para o professor e que, muitas vezes, recebe grandes elogios dos supervisores quando feita de forma eficaz. Não se pode controlar o desempenho de um professor, mas se podem fornecer as ferramentas adequadas para que ele as desenvolva e as empregue regularmente – um dos aspectos mais importantes de qualquer lição: a introdução motivacional a um tópico ou a uma aula.

CAPÍTULO 1

Indique uma lacuna no conhecimento dos alunos

O desejo de completar sempre fez parte da natureza humana. Em geral, uma pessoa fica satisfeita quando uma tarefa é concluída integralmente. Os colecionadores de selos, por exemplo, costumam passar anos procurando por um único selo que lhes escapa e que completa um determinado conjunto em sua coleção. Da mesma forma, a maioria dos alunos tem um desejo natural de completar uma tarefa ou complementar o seu conhecimento sobre um determinado conteúdo. A consciência dessas lacunas desperta um desejo de preenchê-las.

Desde pequenas, as crianças podem fazer perguntas sobre um determinado assunto até que ele esteja totalmente explicado. Embora uma simples resposta possa bastar em um determinado momento, talvez surjam mais perguntas posteriormente, e a pessoa pode não descansar até que estas também sejam respondidas. Na verdade, esse processo dura toda a vida e, possivelmente, é um dos impulsos mais decisivos que leva o homem a aprender e a se desenvolver. Da mesma forma, os alunos têm uma necessidade natural de completar e expandir os seus conhecimentos.

Muitas vezes, é bastante eficaz e motivador quando uma determinada lacuna no conhecimento é sutilmente indicada, por exemplo, com um tema que será discutido para complementar a compreensão dos alunos sobre uma área específica em matemática. Se um professor age de forma inteligente, pode incentivar os alunos a descobrir essa lacuna e, assim, os seus esforços para pesquisá-la irão aumentar até que a lacuna seja preenchida, ou seja, a sua curiosidade e atenção foram despertadas.

Naturalmente, um professor deve estar ciente de que é importante reforçar temas tratados recentemente por meio de exemplos bem pensados, antes de chamar a atenção para novos temas, talvez apontando outras lacunas de conhecimento. Também é importante manter alertas a curiosidade e a ambição dos alunos, para que se possam discutir questões anteriormente colocadas que ainda tenham lacunas.

Neste capítulo, são apresentados alguns exemplos de como essa técnica motivacional pode ser usada para uma variedade de tópicos do ensino médio. Por exemplo, você pode apresentar alguns exemplos simples que envolvam situações conhecidas, seguidos de um exemplo envolvendo uma situação desconhecida, mas sobre o mesmo tema (ou sobre um tema intimamente relacionado). Os alunos devem ser levados à noção de que têm carências em uma determinada área em que antes se sentiam confortáveis (com o sucesso dos primeiros exemplos conhecidos). Isso tende a construir nos alunos um desejo de completar o seu conhecimento do tema em questão, o que é diferente de dizer a eles que são carentes de informação sobre um tópico. Em vez disso, por meio da apresentação inteligente, eles são levados a esse sentimento por conta própria. Isso pode ser altamente motivador, se feito corretamente.

Quanto mais intensamente você fizer isso, mais eficaz será a motivação. Levar os alunos a descobrir esse vazio no seu conhecimento tem um papel importante para que essa técnica motivacional funcione bem. Examinaremos uma série desses motivadores que levam os alunos a perceber que chegaram a um ponto no qual devem preencher uma lacuna no seu conhecimento matemático, a fim de completar a sua compreensão de um tema.

TEMA: A LIÇÃO INTRODUTÓRIA SOBRE A RAZÃO DA TANGENTE

Materiais ou equipamentos necessários

Prepare o desenho abaixo com antecedência, em papel, retroprojetor ou computador, para apresentação à turma no início da aula.

Aplicação da estratégia de motivação

Esta atividade se destina a motivar os alunos para a primeira lição sobre a razão da tangente. A ideia aqui é apontar uma lacuna no conhecimento dos alunos sobre as funções trigonométricas, sem lhes dizer que eles não estão familiarizados com o conceito. Por favor, tenha em mente que isso deve ser feito sem o auxílio do Teorema de Pitágoras.

Comece pedindo aos alunos que encontrem o valor de x em cada um dos seguintes triângulos:

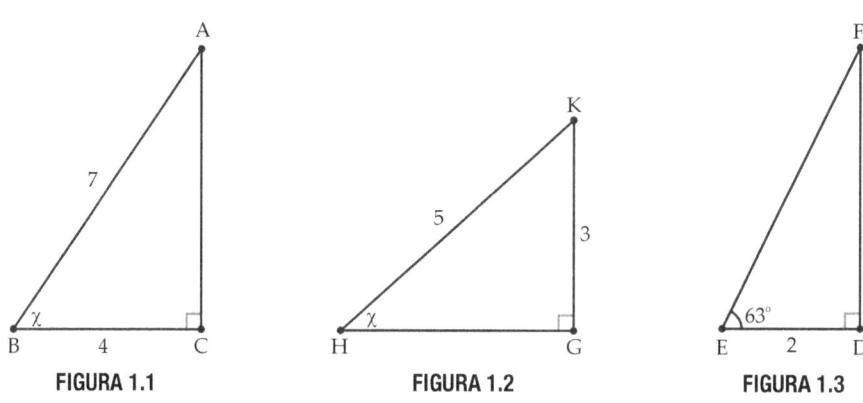

FIGURA 1.1   FIGURA 1.2   FIGURA 1.3

As funções seno (sen) e cosseno (cos) devem ter sido apresentadas aos alunos em uma aula anterior, e agora eles devem estar motivados a aprender sobre a função tangente (tg). O valor de x nas Figuras 1.1 e 1.2 pode ser facilmente encontrado usando as duas funções trigonométricas com as quais os alunos já devem estar familiarizados. Ou seja, para a Figura 1.1, $\cos x = \frac{4}{7}$, logo $x \approx 55°$ e, para a Figura 1.2, $\sen x = \frac{3}{5}$, logo $x \approx 37°$.

Tendo assistido à apresentação adequada, os alunos agora devem se sentir confortáveis para encontrar um ângulo de um triângulo retângulo, no qual o seno e cosseno possam ser aplicados, isto é, quando são dados os comprimentos da hipotenusa e de um cateto. No entanto, diante do triângulo retângulo da Figura 1.3, em que o comprimento da hipotenusa não é dado, enquanto o comprimento de um dos catetos é dado e a medida de um ângulo também é dada, estimularemos os alunos a perceber que não podem aplicar as funções cosseno e seno para encontrar o lado de comprimento x. De repente, eles sentem que há uma lacuna em seu conhecimento sobre funções trigonométricas. Com a apresentação adequada, eles devem estar motivados a preencher essa lacuna. Os alunos podem perceber que o professor tem a informação que falta para preenchê-la – neste caso, a função tangente. A aplicação da função tangente permite agora que os alunos determinem o valor de x na Figura 1.3, a saber: tg $63° = \frac{x}{2}$, então x ≈ 4.

A técnica de despertar nos alunos a percepção de que há uma lacuna em sua base de conhecimento é eficaz devido à tendência natural a se completar a compreensão de um tema. Quando pode ser aplicada, ela é particularmente motivadora e terá um efeito favorável sobre o restante da lição – nesse caso, o estudo da função tangente.

TEMA: QUADRILÁTEROS ESPECIAIS

Materiais ou equipamentos necessários

Um gráfico (Figura 1.4), que deve estar em exibição para a turma durante o seu estudo dos quadriláteros.

Aplicação da estratégia de motivação

No desenvolvimento das diversas propriedades e descrições dos quadriláteros especiais, um gráfico como o mostrado na Figura 1.4 dará aos alunos um sentimento de realização progressiva ou sequencial, preenchendo, a cada vez, uma lacuna em seu

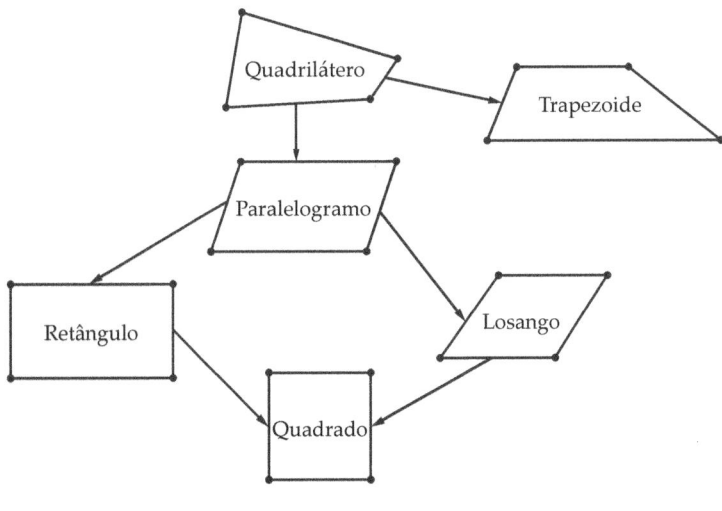

FIGURA 1.4

conhecimento. Isso pode ser bastante motivador na medida em que eles anteveem cada tema, ajudando a chegar mais perto de completar o seu conhecimento.

Os alunos podem ser levados a querer atingir, sequencialmente, os vários níveis desse desenvolvimento diagramado. O gráfico deve ser desenvolvido com cuidado, com a finalidade a que se destina claramente em foco.

TEMA: DETERMINANDO A MEDIDA DE UM ÂNGULO FORMADO POR DUAS SECANTES DE UM CÍRCULO

Materiais ou equipamentos necessários

Quadro-negro ou outro meio (por exemplo, o programa de computador Geometer's Sketchpad) para apresentar aos alunos os problemas geométricos a seguir.

Aplicação da estratégia de motivação

Os alunos muitas vezes são motivados pelo sequenciamento de temas que claramente se encaixam e parecem apoiar uns aos outros. Para uma turma que já tenha aprendido a relação de um ângulo formado por duas cordas que se cruzam dentro ou sobre o círculo e seus arcos secantes, pode haver um interesse em determinar a relação entre a medida de um ângulo fora do círculo, por exemplo, um ângulo formado por duas secantes, uma secante e uma tangente, ou duas tangentes. A motivação para completar o conhecimento sobre esse tema pode ser estimulada pela seguinte questão: Encontre a medida dos ângulos marcados com x nos três círculos seguintes (ver Figura 1.5).

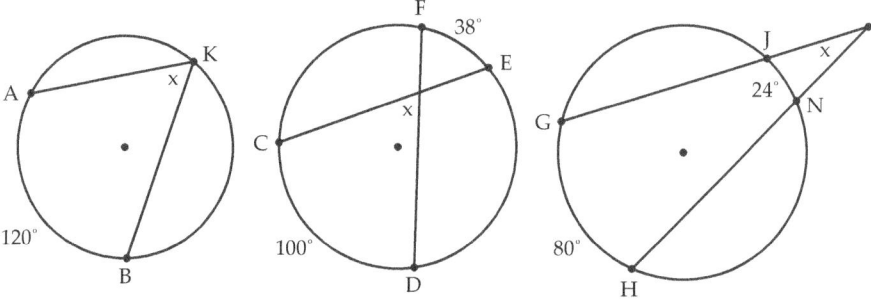

FIGURA 1.5

Quando você repassar a questão depois de os alunos terem tido chance de tentar respondê-la, lembre-os de que eles já sabem que um ângulo inscrito (Figura 1.6) tem a metade da medida do seu arco secante.

Em seguida, lembre aos alunos que eles também sabem que a medida de um ângulo formado por duas cordas que se intersectam dentro do círculo (Figura 1.7) é a metade da soma das medidas dos arcos secantes.

No entanto, deve-se fazê-los entender que, para completar o seu conhecimento de medição de ângulos relativos a um círculo, eles terão de incluir ângulos cujo vértice esteja fora do círculo. A Figura 1.8 mostra os tipos de ângulos externos relacionados a um círculo.

Com a sensação de que agora irão adquirir o conhecimento necessário para completar a sequência, os alunos serão motivados a determinar a forma de encontrar as medidas desses ângulos a partir das medidas de seus arcos secantes.

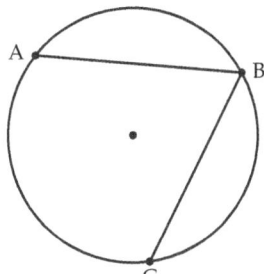

FIGURA 1.6

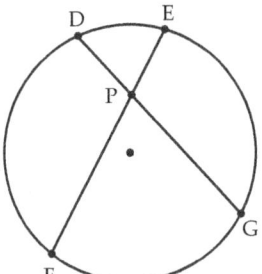

FIGURA 1.7

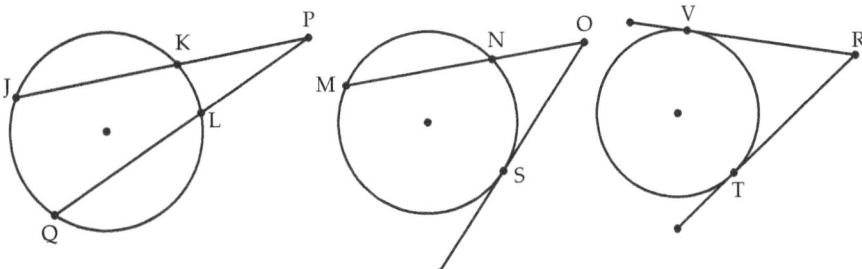

FIGURA 1.8

TEMA: SEGMENTOS TANGENTES AO MESMO CÍRCULO

Materiais ou equipamentos necessários

Quadro-negro ou qualquer outro meio para apresentar um problema para a turma.

Aplicação da estratégia de motivação

A motivação pode ser criada por um problema aparentemente fácil de entender, que os alunos possam descobrir que estão mal-equipados para resolver, levando-os a perceber que têm uma lacuna em seu conhecimento. No entanto, a solução do problema depende de um conceito matemático que será explorado na lição seguinte. O problema, apresentado na Figura 1.9, onde $\overline{PQ}$, $\overline{PR}$, e $\overline{TV}$ são todos tangentes ao círculo O nos pontos Q, R e S, respectivamente, pede que os estudantes encontrem o perímetro do triângulo PTV, se o comprimento da tangente PQ for 8.

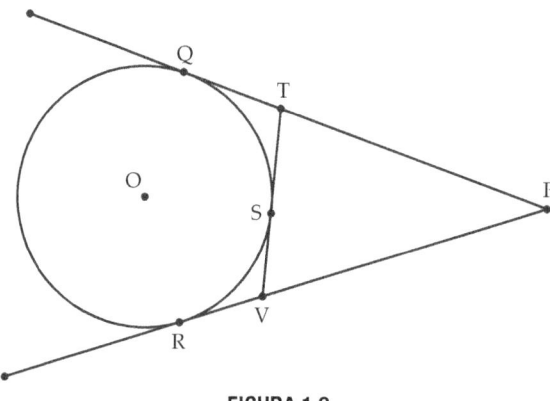

FIGURA 1.9

Intuitivamente, os alunos podem sentir que "algo está faltando" e que é impossível resolver o problema apenas com a informação dada. No entanto, eles só precisam saber que os segmentos tangentes a um círculo de um ponto exterior comum são iguais, o que é a lição a ser ensinada.

A informação a ser aprendida é a seguinte: como $\overline{TQ}$ e $\overline{TS}$ são ambos tangentes a partir do ponto T, eles são iguais em comprimento, e podemos substituir $\overline{TQ}$ por TS. Da mesma forma, $SV = VR$. Assim, o perímetro do triângulo PTV é composto por $PT + TS + SV + PV$. Considerando-se que $PQ \equiv PR$, o comprimento do perímetro do triângulo é igual ao comprimento dos dois segmentos de tangentes a partir de P, ou $8 + 8 = 16$. A surpresa diante da simplicidade da solução, quando o novo teorema é apresentado, é um dispositivo muito motivador.

TEMA: INTRODUÇÃO DA FÓRMULA DE HERON PARA ENCONTRAR A ÁREA DE UM TRIÂNGULO

Materiais ou equipamentos necessários

Quadro-negro ou qualquer outro meio para apresentar aos alunos os problemas geométricos a seguir.

Aplicação da estratégia de motivação

A fórmula mais usada para calcular a área de um triângulo é *Área* = $\frac{1}{2}$ *bh*, onde *b* é o comprimento da base e *h* é a altura relativa àquela base. Em geometria, há outras fórmulas para a área de triângulos que os alunos podem já ter aprendido. Para um triângulo retângulo, a área é metade do produto de seus catetos e, para um triângulo do qual são dados os comprimentos de dois lados e a medida do ângulo incluído, a área é metade do produto dos comprimentos dos dois lados dados e o seno do ângulo incluído (isto é, *Área* = $\frac{1}{2}$*ab* sen C). Mas como podemos encontrar a área de um triângulo se só nos forem dados os comprimentos de seus três lados? A resposta é usar a fórmula de Heron, que os estudantes podem ser motivados a descobrir se lhes forem dados inicialmente os seguintes problemas para resolver.

Apresente esses três problemas no início da aula:

1. Encontre a área de um triângulo cujo comprimento da base seja 8 e altura relativa à base seja 6.
2. Encontre a área de um triângulo cujos comprimentos dos lados sejam 3, 4, e 5.
3. Encontre a área de um triângulo cujos lados tenham comprimentos de 13, 14 e 15.

Para encontrar a área de um triângulo com comprimento da base 8 e altura 6, os alunos podem facilmente usar a fórmula *Área* = $\frac{1}{2}$*bh* e concluir que a área é de $\frac{1}{2}$(8)(6) = 24 unidades quadradas.

A seguir, para encontrar a área de um triângulo cujos lados têm comprimentos de 3, 4 e 5, os alunos devem reconhecer que este é um triângulo retângulo, com os catetos medindo 3 e 4. Assim, a área é dada por ($\frac{1}{2}$)(3)(4) = 6 unidades quadradas.

Agora os alunos têm a tarefa de encontrar a área de um triângulo cujos lados sejam 13, 14 e 15. Este não é um triângulo retângulo, de forma que nenhum dos lados pode ser considerado como altura. Deve haver outra maneira de encontrar a área. Nesse caso, os alunos devem reconhecer uma lacuna em seu conhecimento sobre como encontrar a área de um triângulo.

Uma das primeiras reações dos alunos é que, como 3-4-5 são lados de um triângulo retângulo, o que se pode dizer de 13-14-15? Infelizmente, *não* se trata de um triângulo retângulo. Depois de tentar achar a área (e não conseguir), os alunos devem perceber que deve existir um método para encontrar a área de qualquer triângulo, dados os três lados, e esperam que você possa lhes fornecer.[1] Isso leva diretamente a uma aula sobre a fórmula de Heron para a área de um triângulo. A fórmula foi desenvolvida pelo famoso matemático grego Heron de Alexandria (10-70 d.C.).[2]

A fórmula envolve o uso do semiperímetro, (s). Um semiperímetro é igual a $(\frac{1}{2})(a + b + c)$, sendo que a, b, c são os comprimentos dos três lados. A fórmula é Área $=\sqrt{s(s - a)(s - b)(s - c)}$.

Neste problema, $a = 13$, $b = 14$, $c = 15$. Portanto, a área do triângulo é $\sqrt{(21)(21-13)(21-14)(21-15)} = \sqrt{(21)(8)(7)(6)} = \sqrt{7056} = 84$ unidades quadradas.

Agora, isso dará aos alunos um sentimento de preenchimento da lacuna que podem ter experimentado no início da aula, e que os deve tê-los motivado a aprender a fórmula de Heron.

TEMA: APRESENTAÇÃO DA FÓRMULA DO CÁLCULO DAS RAÍZES DE UMA EQUAÇÃO DE 2º GRAU OU FÓRMULA DE BÁSKARA

Materiais ou equipamentos necessários

Quadro-negro, computador ou qualquer outro meio para apresentar aos alunos as equações a seguir.

Aplicação da estratégia de motivação

Os alunos já aprenderam a usar a fatoração para resolver equações de 2º grau apresentadas em vários formatos. Esta atividade irá motivá-los a reconhecer a necessidade de um método para resolver as equações de 2º grau quando o polinômio de 2º grau envolvido na equação não for fatorável.

Dê aos alunos as seguintes equações para resolver. Todas podem ser resolvidas por fatoração, exceto a última.

Resolva, com relação a x:

(1) $x^2 + x - 6 = 0$ $[(x + 3)(x - 2) = 0; x = -3, 2]$
(2) $x^2 - 25 = 0$ $[(x + 5)(x - 5) = 0, x = +5, -5]$
(3) $2x^2 - 5x - 3 = 0$ $[(2x + 1)(x - 3) = 0, x = -\frac{1}{2}, +3]$
(4) $x^2 - 9x + 7 = 0$ [não fatorável com fatores inteiros]

Os alunos devem se sentir confortáveis resolvendo as três primeiras equações, já que todas elas podem ser resolvidas por um método que eles conhecem, a saber, a fatoração. Eles devem reconhecer que esta última equação não pode ser resolvida por fatoração com números inteiros. Isso deve levá-los a perguntar se você irá ensiná-los a resolvê-la na aula de hoje. Nesse caso, eles perceberam uma lacuna em seu conhecimento sobre solução de equações de 2º grau, isto é, as que não são fatoráveis. A fórmula, $x = \frac{-b \pm \sqrt{b^2 - 4ac}}{2a}$, irá resolver o dilema deles. Os alunos agora estão receptivos e, espera-se, ansiosos para conhecer a fórmula.

Deve-se apontar à turma (depois de eles terem aprendido a fórmula do cálculo das raízes de uma equação de 2º grau) que essa fórmula pode ser usada para resolver *todas* as equações de 2º grau, mesmo as que podem ser resolvidas por fatoração. Volte e resolva cada uma das três primeiras equações na folha de cálculo deles usando a fórmula. Mostre como os resultados são os mesmos. A seguir, eles podem finalmente resolver a equação que os frustrou no início da aula.

TEMA: LIÇÃO INTRODUTÓRIA SOBRE NÚMEROS IMAGINÁRIOS

Materiais ou equipamentos necessários

Quadro-negro, computador ou qualquer outro meio para apresentar algumas equações para que os alunos resolvam.

Aplicação da estratégia de motivação

Números imaginários – eles são realmente imaginários? Todo o conceito de números complexos e de números imaginários é de difícil compreensão para os nossos alunos. Parte do problema está na nomenclatura, ou seja, "imaginário". Os números complexos têm duas partes: uma "real" e uma "imaginária". No entanto, a parte imaginária não é mais imaginária do que a parte real – simplesmente se define i como o $\sqrt{-1}$ para cumprir as regras do nosso sistema de numeração. Este motivador indicará que há uma lacuna no conhecimento dos alunos quando se trata de lidar com a raiz quadrada de números negativos.

Apresente aos alunos a seguinte série de equações de 2º grau e peça que encontrem o valor da variável.

Encontre o valor de x:

$x^2 - 1 = 0$
$x^2 - 16 = 0$
$x^2 = 0$
$x^2 - 17 = 0$
$x^2 + 9 = 0$
$x^2 + 27 = 0$

Tudo vai bem com as quatro primeiras equações. A quinta e a sexta equações no conjunto representarão um problema para eles. Até agora, qualquer número elevado ao quadrado deve dar um resultado positivo. Assim, muitos recorrerão às suas calculadoras para encontrar a resposta. A maioria das calculadoras dá uma mensagem de "ERRO" quando o aluno tenta encontrar a raiz quadrada de –9 ou –27. Como os alunos receberam essas equações do professor para resolver, eles devem pressupor que há alguma maneira de resolvê-las, e que se pode encontrar uma resposta. Isso deve levar a uma aula introdutória sobre o uso de i, e a ideia de números complexos para preencher a lacuna no conhecimento deles, que acaba de lhes ser demonstrada por meio desse conjunto de equações.

Como dissemos anteriormente, os livros didáticos costumam ser referir aos números complexos mencionando-lhes duas partes: uma parte real e uma imaginária, escritas na forma $a + bi$, em que a e b são números reais e $i = \sqrt{-1}$. Esta é uma definição completamente arbitrária, e é formulada de modo que as regras do nosso sistema de numeração permaneçam coerentes. Assim, se elevarmos i ao quadrado, teremos $\sqrt{-1} \times \sqrt{-1} = i \times i = i^2 = -1$. Isto nos permite resolver as duas últimas equações:

$$x^2 + 9 = 0 \text{ dá } x = +3i \text{ e } x = -3i$$
$$x^2 + 27 = 0 \text{ dá } x = +5,196i \text{ e } x = -5,196i$$

Incentive os seus alunos a substituir um desses valores em cada equação para demonstrar como eles cumprem a equação original.

TEMA: ENCONTRANDO A SOMA E O PRODUTO DAS RAÍZES DE UMA EQUAÇÃO DE 2º GRAU

Materiais ou equipamentos necessários

Quadro-negro ou qualquer meio para apresentar algumas equações para que os alunos resolvam.

Aplicação da estratégia de motivação

Quando tiverem aprendido a fórmula para resolver uma equação de 2º grau, os seus alunos devem aprender a verificar se as raízes que encontraram estão corretas. Embora isso possa ser feito substituindo as raízes na equação original pelas obtidas, o método de comparação das raízes usando a relação da soma e produto das raízes da equação original é muito superior. Este tópico resulta naturalmente da fórmula do cálculo das raízes de uma equação de 2º grau, mas vamos começar essa estratégia motivacional com uma indicação da necessidade de aprender o tema da aula.

Peça aos alunos para resolver cada uma das equações a seguir, e depois, peça para verificarem se os seus resultados estão corretos.

Encontre o valor de x e confira seus resultados.

1. $x^2 - 4 = 0$ (as raízes são +2 e –2.)
2. $x^2 - 10x + 21 = 0$ (as raízes são 7 e 3.)
3. $x^2 - 7x + 5 = 0$ (as raízes são 6,19 e 0,81.)
4. $x^2 + 3x - 16 = 0$ (as raízes são 2,8 e –5,8.)
5. $x^2 - 4x - 7 = 0$ (as raízes são 5,3 e –1,3.)
6. $2x^2 + x - 7 = 0$ (as raízes são 1,6 e –2,1.)

Os alunos não devem ter tido dificuldades para conferir as suas respostas para as duas primeiras equações. Ambas são fatoráveis e dão respostas integrais que são facilmente conferidas. No entanto, a terceira equação dá respostas decimais, e conferir substituindo na equação original é complicado e demorado. Nesse momento, os alunos podem esperar que lhes ensine outro método, que seja mais fácil de implementar, e a turma está preparada e, talvez, motivada para fazer essa verificação de outra maneira. Você tem a "abertura" para introduzir a relação das raízes de uma equação de 2º grau com os coeficientes da equação original.

Depois de ter ensinado aos alunos a relação entre os coeficientes da equação e a soma e o produto das raízes, dê-lhes as raízes das equações de 2º grau restantes ou, se houver tempo, peça para que resolvam e, em seguida, confiram para ver se a soma e o produto dessas raízes foram bem calculados: a soma = $-\frac{b}{a}$ e o produto = $\frac{c}{a}$. Certifique-se de mostrar que o produto pode ter uma imprecisão de uma fração de uma casa decimal, devido ao arredondamento da raiz quadrada.

TEMA: INTRODUÇÃO A EQUAÇÕES EXPONENCIAIS

Materiais ou equipamentos necessários

Quadro-negro, computador ou qualquer outro meio para apresentar um problema à turma.

Aplicação da estratégia de motivação

O seguinte problema envolvendo expoentes pode não parecer um problema de álgebra familiar para os seus alunos, mas provavelmente está adequada às habilidades deles. É um bom elemento introdutório para equações exponenciais e uma revisão das leis dos expoentes e da solução simultânea de algumas equações em duas variáveis.

Determine os valores de x e y quando $2^x = 8^{y+1}$ e $9^y = 3^{x-9}$.

Embora essa pareça ser uma situação totalmente desconhecida, os alunos sentirão que a solução deveria ser adequada à competência deles. Assim, você apontou uma lacuna no conhecimento deles. A solução é simples – uma vez que os alunos percebam que precisam expressar ambos os lados das equações com bases semelhantes, da seguinte forma: $2^x = 2^{3(y+1)}$ e $3^{2y} = 3^{x-9}$. Como as bases agora são iguais em cada equação, os expoentes também o são. Isto leva ao par de equações:

$$x = 3(y+1)$$
$$x - 9 = 2y$$

A solução simultânea dessas equações é $x = 21$ e $y = 6$.

NOTAS

1. Não incentive os alunos a desenhar a altura para comprimento de lado 14 e usar o Teorema de Pitágoras para resolver o problema, já que isso destruiria essa atividade motivacional.
2. Alguns livros se referem a ele como o Herói de Alexandria.

CAPÍTULO 2

Descubra um padrão

A matemática é única em sua capacidade de dar aos estudantes um tipo especial de estrutura. A maioria das pessoas tem um desejo natural de ter estrutura, talvez porque ela ofereça uma espécie de segurança ou algo a que se possa retornar no processo de solução de problemas. Como novos conhecimentos são constantemente acrescentados, existe uma rede de linhas cruzadas, padrões e esquemas que aumenta ao longo da nossa vida e nos ajuda a lidar com novos desafios que possam surgir.

Em matemática, novos conceitos podem ser oferecidos a partir do conhecimento prévio que esteve à disposição dos alunos. Se o professor consegue criar habilmente uma situação que leve os alunos a descobrir um padrão, isso pode ser muito motivador. Eles sentem um grande prazer em encontrar uma ideia e, em seguida, tomar posse dela.

Naturalmente, o professor pode ser um importante apoio nesse processo, já que pode chamar a atenção dos alunos para um padrão mais ou menos oculto. Feita com habilidade, a orientação do professor deve ser tão discreta que os alunos nunca careçam da sensação de ter descoberto a ideia por conta própria. Essa compreensão da sua própria capacidade é essencial para a melhoria do conhecimento e da cognição.

Conhecer diferentes formas de resolver problemas e ter descoberto padrões com nossas próprias ferramentas, que podem ser usadas com sucesso em contextos futuros, é o que o professor deve ter em mente ao pensar em escrever uma nova fórmula no quadro sem possibilitar pelo menos um mínimo de descoberta por parte dos alunos. A razão para esse descuido pode ser uma percepção de falta de tempo e um foco na capacidade de usar prontamente a fórmula para lidar com os exercícios a seguir. Muitas vezes, essas fórmulas podem ser deduzidas de uma forma fácil e elegante, usando meios que estão à disposição dos alunos, principalmente pela descoberta de um padrão.

Muitos de nossos alunos, bem como os adultos, têm um medo específico da matemática. A única chance de lutar contra essa fobia generalizada é despertar uma visão mais profunda do assunto. Mas isso só pode acontecer se o ensino for além da transmissão de um conjunto de regras e conceitos que possam ser evocados da memória conforme a necessidade, e mostrar formas e abordagens estruturais para tarefas e exercícios matemáticos. Isso é feito satisfatoriamente por meio do reconhecimento de padrões, que vamos demonstrar neste capítulo com uma variedade de tópicos do currículo do ensino médio. Essa técnica altamente motivacional nem sempre é aplicável, mas, onde for, poderá ser bastante eficaz.

Encontramos padrões todos os dias. Eles permeiam todos os aspectos de nossas vidas. Nossa capacidade de reconhecer padrões e criá-los nos permite descobrir e sobreviver no mundo. Muitos matemáticos consideram os padrões como a base para toda a matemática. Outros os consideram como um tema unificador. Revelar padrões ocultos é o trabalho dos matemáticos! O crescimento da matemática sempre foi inspirado por uma busca de padrões. As aplicações matemáticas costumam exigir o uso de padrões para explicar fenômenos naturais. Essencialmente, os alunos passam por várias etapas ao descobrir padrões. No princípio, coletam os seus dados e tentam organizá-los. A seguir, experimentam classificar a informação coletada. Tendo colocado os seus dados em algum tipo de ordem, tentam encontrar um padrão para explicá-los. Quanto mais prática e experiência os alunos tiverem na busca de padrões, mais hábeis eles se tornarão para reconhecer padrões a partir dos dados. Os problemas que envolvem encontrar um padrão são numerosos. No entanto, você deve procurar por aqueles que possam interessar a seus alunos. Alguns padrões podem não ser matemáticos em conteúdo, mais ainda assim proporcionar uma grande quantidade de motivação para a turma. Por exemplo, você pode pedir a seus alunos que encontrem o padrão para a seguinte sequência:

$$5, 9, 8, 7, 3, 1.$$

Os alunos podem resmungar um pouco ao encontrarem o padrão, ou seja, que os números são listados em ordem alfabética. Eles podem se sentir igualmente frustrados ao descobrir o padrão na sequência a seguir, quando se pedir que encontrem os três elementos seguintes.

$$1, 8, 3, 6, 5, 4, 7, 2, 9.$$

Aqui, a sequência é composta por duas sequências intercaladas dos números ímpares ascendentes e dos números pares descendentes.

Estabelecer uma situação que leve os alunos a "descobrir" um padrão pode ser muito motivador, como já dissemos. Os alunos têm prazer em encontrar a ideia e, em seguida, "apropriar-se" dela. Eles vêm trabalhando com padrões desde que eram criancinhas. Uma criança muito pequena que separa bolas de gude – "as grandes aqui, as pequenas ali" – está desenvolvendo o reconhecimento de padrões. À medida que amadurecemos, observamos e reconhecemos padrões cada vez mais complexos. Observar um padrão e continuar a aplicá-lo muitas vezes pode levar diretamente à solução de uma determinada situação problemática. Apresentar atividades e problemas que levem a padrões é um excelente motivador para alunos da segunda metade do ensino médio. Neste capítulo, apresentaremos vários motivadores, que resultam em padrões ou dependem de reconhecimento de padrões para gerar interesse dos alunos.

TEMA: TÉCNICAS DE CONTAGEM

Materiais ou equipamentos necessários

Os meios mais acessíveis para apresentar um problema aos alunos (um projetor multimídia seria melhor, mas um quadro é suficiente).

Aplicação da estratégia de motivação

Uma lição importante para aulas de matemática em quase todos os níveis é demonstrar métodos de contagem – os que são fora do comum. Esta parte deve ser motivada por uma diversidade de exemplos. Aqui está uma que usa a busca de um padrão. Comece pela introdução de um número palíndromo – um número que se lê da mesma forma da frente para trás e vice-versa, como 747 ou 1991. Em seguida, peça aos alunos para que determinem quantos palíndromos existem entre 1 e 1000, inclusive.

A abordagem tradicional a esse problema seria a de tentar escrever todos os números entre 1 e 1000, e depois ver quais são palíndromos. No entanto, esta é uma tarefa complicada e demorada na melhor das hipóteses, e podem-se facilmente omitir alguns deles.

Incentive os alunos a ver se conseguem encontrar algum padrão útil. Contar a quantidade de números palíndromos em intervalos como mostra a tabela abaixo deve esclarecer a turma.

Faixa	Quantidade de números palíndromos	Quantidade total de números palíndromos
1-9	9	9
10-99	9	18
100-199	10	28
200-299	10	38
300-399	10	48
...	...	...

Os alunos devem reconhecer um padrão: há exatamente 10 palíndromos em cada grupo de 100 números (após 99). Assim, haverá 9 conjuntos de 10 (90), mais os 18 de 1 a 99, para um total de 108 palíndromos entre 1 e 1000. O reconhecimento de padrões é um recurso muito motivador e deve ser usado sempre que possível para remeter a conceitos e habilidades importantes.

Outra solução para este problema envolveria a organização dos dados de uma forma favorável. Considere todos os números de um dígito (autopalíndromos), que são 9. Os palíndromos de dois dígitos também são 9. Os palíndromos de três dígitos têm 9 possíveis "dígitos externos" e 10 possíveis "dígitos intermediários", de forma que há 90 deles. No total, há 108 palíndromos entre 1 e 1000, inclusive.

TEMA: APRESENTAÇÃO DE EXPOENTES INTEIROS NÃO POSITIVOS

Materiais ou equipamentos necessários

Qualquer dos meios mais acessíveis para se apresentar um problema aos alunos (um projetor multimídia seria melhor neste caso).

Aplicação da estratégia de motivação

Os alunos que recém começaram a compreender a natureza de expoentes inteiros positivos provavelmente responderão à pergunta: "O que significa 5^n?", com uma resposta como "o produto de n fatores 5". Diante da pergunta sobre qual seria a natureza de n, eles provavelmente irão dizer que é um número inteiro positivo. Este motivador irá encorajá-los a refletir sobre os inteiros não positivos: 0 e os inteiros negativos.

Você pode mostrar que essas definições permitem que um padrão observado continue. Considere o seguinte:

$$3^4 = 81$$
$$3^3 = 27$$
$$3^2 = 9$$
$$3^1 = 3$$

Em seguida, peça aos alunos para dar seguimento a esse padrão dividindo o resultado por 3, enquanto diminuem o expoente em 1, para obter:

$$3^0 = 1$$
$$3^{-1} = \frac{1}{3}$$
$$3^{-2} = \frac{1}{9}$$
$$3^{-3} = \frac{1}{27}$$

Os alunos devem usar esse padrão para motivar uma análise mais aprofundada desses expoentes negativos. Eles também podem olhar a questão considerando $\frac{x^5}{x^5}$ (onde $x \neq 0$), que equivale a $x^{5-5} = x^0$. Portanto, $x^0 = 1$. Contudo, a declaração a seguir não tem sentido: "X usado como fator 0 vezes é 1". Para ser coerente com as regras de expoentes, definimos $x^0 = 1$; aí sim, tem sentido.

Da mesma forma, um aluno não pode explicar verbalmente o que significa x^{-4}. O que significaria "x ser usado como fator -4 vezes"? Usando as regras de expoentes, podemos estabelecer um significado para expoentes negativos. Considere $\frac{x^5}{x^8} = \frac{1}{x^3}$. Segundo nossas regras de operações com expoentes, concluímos que $\frac{x^5}{x^8} = x^{5-8} = x^{-3}$. Portanto, seria bom se $x^{-3} = \frac{1}{x^3}$, de modo que o *definimos* dessa maneira e nosso sistema permanece coerente.

Assim que chegamos a $\frac{x^k}{x^k} = x^{k-k} = x^0$, podemos considerar o valor que 0^0 deve ter. Usando a mesma ideia, temos $0^0 = 0^{k-k} = \frac{0^k}{0^k}$, que não tem sentido, já que a divisão por $0^k = 0$ é indefinida. Da mesma forma, não podemos definir 0^{-k}, pois dá $\frac{1}{0^k}$, que é indefinido.

Assim, os estudantes podem concluir que a base não pode ser 0 quando o expoente for 0 ou negativo.

Dessa forma, as definições $x^0 = 1$, e $x \neq 0$, $x^{-k} = \frac{1}{x^k}$, $x \neq 0$ se tornam significativas. O uso de padrões motiva os alunos a continuar explorando dessa forma para obter uma compreensão mais sólida dos expoentes.

TEMA: CAUTELA COM OS PADRÕES

Materiais ou equipamentos necessários

Os meios mais acessíveis para apresentar um problema aos alunos – de preferência um projetor multimídia.

Aplicação da estratégia de motivação

A motivação para este tópico é (naturalmente) uma sequência, mas que não é esperada. O tema da aula é reconhecer quando o que parece ser um padrão óbvio pode não ser o padrão pretendido.

Uma sequência muito comum como esta pode ser apresentada com uma solicitação para que se encontre o próximo elemento: 1, 2, 4, 8, 16. Quando o próximo número é dado como 31 (em vez do 32 esperado), normalmente se ouvem gritos de "errado!". Ainda assim, 1, 2, 4, 8, 16, 31 pode ser uma sequência legítima.

Para mostrar isso, seria preciso avançar na sequência e, em seguida, justificar a sua existência de alguma forma matemática. Seria bom se isso pudesse ser feito geometricamente, já que daria certa credibilidade a um construto físico.

Montamos uma tabela (Tabela 2.1) mostrando as diferenças entre os termos da sequência, começando com a sequência apresentada até 31, e depois trabalhando retroativamente, quando um padrão estiver estabelecido (aqui, na terceira diferença).

Tabela 2.1

Sequência original	1		2		4		8		16		31
Primeira diferença		1		2		4		8		15	
Segunda diferença			1		2		4		7		
Terceira diferença				1		2		3			
Quarta diferença					1		1				

Com as quartas diferenças formando uma sequência de constantes, podemos inverter o processo (virar a tabela de cabeça para baixo, como mostrado na Tabela 2.2) e ampliar as terceiras diferenças mais alguns passos com 4 e 5.

Tabela 2.2

Quarta diferença				1		1		*1*		*1*			
Terceira diferença			1		2		3		*4*		*5*		
Segunda diferença		1		2		4		7		*11*		*16*	
Primeira diferença	1		2		4		8		15		*26*		*42*
Sequência original	1		2		4		8		16		*31*		*57*		*99*

Os números em itálico e negrito são os que foram obtidos trabalhando retroativamente a partir da sequência da terceira diferença. Assim, os números seguintes da sequência dada são 57 e 99. O elemento geral é uma expressão da quarta potência, uma vez que tivemos de ir às quartas diferenças para obter uma constante. O elemento geral (n) é:

$$\frac{n^4 - 6n^3 + 23n^2 - 18n + 24}{24}$$

Observe que esta sequência não é independente de outras partes da matemática. Considere o triângulo de Pascal (Figura 2.1):

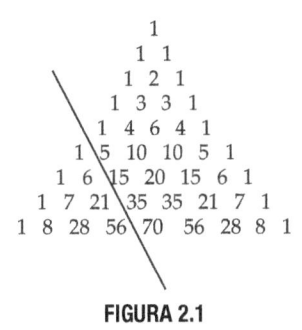

```
            1
           1 1
          1 2 1
         1 3 3 1
        1 4 6 4 1
       1 5 10 10 5 1
      1 6 15 20 15 6 1
     1 7 21 35 35 21 7 1
    1 8 28 56 70 56 28 8 1
```

FIGURA 2.1

Considere as somas horizontais das linhas do triângulo de Pascal à direita da linha desenhada: 1, 2, 4, 8, 16, 31, 57, 99, 163. Mais uma vez, é a sequência que acabamos de desenvolver.

Uma interpretação geométrica pode ajudar a convencer os alunos da beleza e da coerência inerentes à matemática. Para isso, façamos um quadro (Tabela 2.3) do número de regiões em que um círculo pode ser dividido juntando-se pontos desse círculo. Os alunos devem desenhar o círculo e contar as regiões divididas.

Tabela 2.3

Número de pontos no círculo	Número de regiões em que o círculo está dividido
1	1
2	2
3	4
4	8
5	16
6	31
7	57
8	99

Agora que os alunos conseguem ver que esta sequência incomum aparece em vários outros campos, pode estar se estabelecendo um grau de satisfação. No entanto, o professor deve tomar cuidado ao apresentar um padrão aos alunos, para que não os desvie do foco da aula.

TEMA: A SOMA DA MEDIDA DOS ÂNGULOS INTERNOS DE UM POLÍGONO

Materiais ou equipamentos necessários

Um projetor multimídia ou outro meio para apresentar um problema aos alunos; um programa de computador para desenho de geometria, como Geometer's Sketchpad, seria útil.

Aplicação da estratégia de motivação

A estratégia motivacional de estimular os alunos a reconhecer um padrão pode ser muito poderosa e gerar profunda compreensão do princípio que está sendo apresentado. Peça aos alunos para que determinem a soma das medidas dos ângulos internos de um icoságono (um polígono de 20 lados).

Em vez de se referir a uma fórmula (que é, ela própria, derivada do reconhecimento de padrões) ou de pedir que os alunos tentem responder à pergunta várias vezes (muitas vezes com êxito), solicite que eles examinem as somas dos ângulos dos polígonos em um número cada vez maior de lados, listando as somas correspondentes das medidas de seus ângulos. Será que elas formam um padrão? Ele é facilmente reconhecível? Pode ser generalizado? Pode ser ampliado?

Peça para os alunos começarem com um triângulo (soma angular interna de 180°) e, em seguida, examinarem cada um dos polígonos com número de lados sucessivamente aumentado, isto é, quadrilátero, pentágono, hexágono e assim por diante. Eles devem ser orientados a concluir que podem decompor os polígonos em triângulos, desenhando linhas de um vértice a cada um dos outros vértices (ver Figura 2.2). Ao fazer isso, irão perceber que cada polígono sucessivo inclui um triângulo a mais do que seu antecessor.

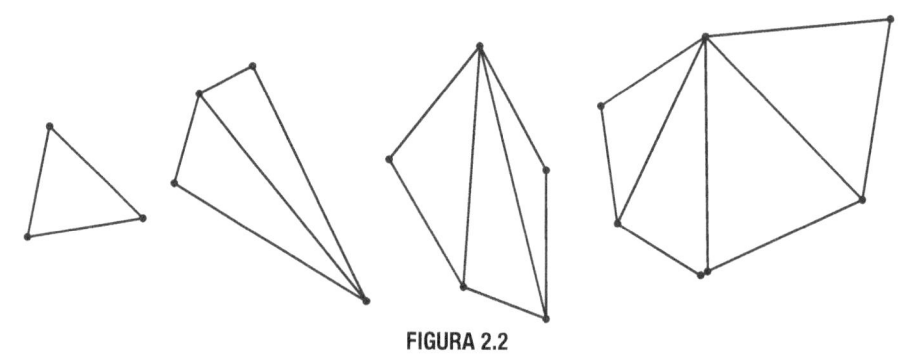

FIGURA 2.2

Isso gera um padrão que os alunos devem reconhecer e irá levar ao objetivo desejado. Essas somas angulares devem ser colocadas em forma de tabela, de modo a facilitar o reconhecimento de um padrão. Isso mostra como um padrão geométrico produz um padrão numérico.

Uma observação dos sete primeiros itens da Tabela 2.4 (embora não precisássemos realmente de tantos) mostra um padrão, ou seja, quando o número de lados aumenta em 1, o número de triângulos aumenta em 1 e a soma angular dos ângulos

Tabela 2.4

Número de lados	3	4	5	6	7	8	9	...	20
Número de triângulos	1	2	3	4	5	6	7	...	18
Soma das medidas angulares	180	360	540	720	900	1080	1260	...	3240

aumenta em 180°. Assim, para um nonágono (polígono de 9 lados), o número de triângulos formados seria 7 e a soma dos ângulos seria $7 \cdot 180° = 1260°$. Usando esse padrão, podemos chegar até o polígono de 20 lados que buscamos, usando o padrão de incrementos de 180°, ou poderíamos reconhecer que esse padrão implica que, para o polígono de 20 lados, a soma das medidas dos ângulos seja 180° vezes 18, ou 2 a menos do que o número de lados. Assim, para o icoságono, a soma das medidas dos ângulos é de $18 \cdot 180° = 3240°$.

Esta atividade motivacional envolvendo a exibição de um padrão cumpriu o duplo objetivo de motivar os alunos ao desenvolver o tema principal da aula.

TEMA: INTRODUÇÃO À CONTAGEM DE COMBINAÇÕES

Materiais ou equipamentos necessários

Um projetor multimídia ou outra mídia para aprensentar um problema aos alunos; um programa de desenho geométrico, como Geometer's Sketchpad, seria útil.

Aplicação da estratégia de motivação

Comece com o seguinte problema para os alunos refletirem e depois responderem:

Quantos pares de ângulos opostos pelo vértice são formados por 10 linhas distintas que se cruzam?

Os alunos muitas vezes tentam desenhar uma figura grande e precisa, mostrando as 10 linhas que se cruzam e depois tentando contar realmente os pares de ângulos opostos pelo vértice. No entanto, isso é bastante confuso, e eles podem facilmente perder o controle dos pares de ângulos que estão sendo examinados. Agora, você terá a chance de motivá-los com a demonstração de um padrão que se desenvolve a partir desse desafio.

Incentive-os a pensar na possibilidade de começar com um caso mais simples, talvez apenas duas linhas cruzadas, e depois ampliar gradualmente o número de linhas para ver se surge um padrão (ver Figura 2.3).
Se começarmos com 1 linha, temos 0 par de ângulos opostos pelo vértice .
Duas linhas produzem 2 pares de ângulos: marcados como 1-3 e 2-4 na Figura 2.3.
Três linhas produzem 6 pares de ângulos: eles são 1-4; 2-5; 3-6, (1,2)-(4,5); (2,3)-(5,6); (1,6)-(3,4).
Quatro linhas produzem 12 pares de ângulos opostos pelo vértice : 1-5; 2-6; 3-7; 4-8; (1,2)-(5,6); (2,3)-(6,7); (3,4)-(7,8); (4,5)-(8,1); (1,2,3)-(5,6,7); (2,3,4)-(6, 7,8); (3,4,5)-(7,8,1); (4,5,6)-(8,1,2).

Os alunos agora devem ser capazes de resumir o padrão que descobriram, como na tabela a seguir:

Número de linhas	1	2	3	4	5	...	n
Pares de ângulos opostos pelo vértice	0	$2 = 2 \cdot 1$	$6 = 3 \cdot 2$	$12 = 4 \cdot 3$	$20 = 5 \cdot 4$	...	$n(n-1)$

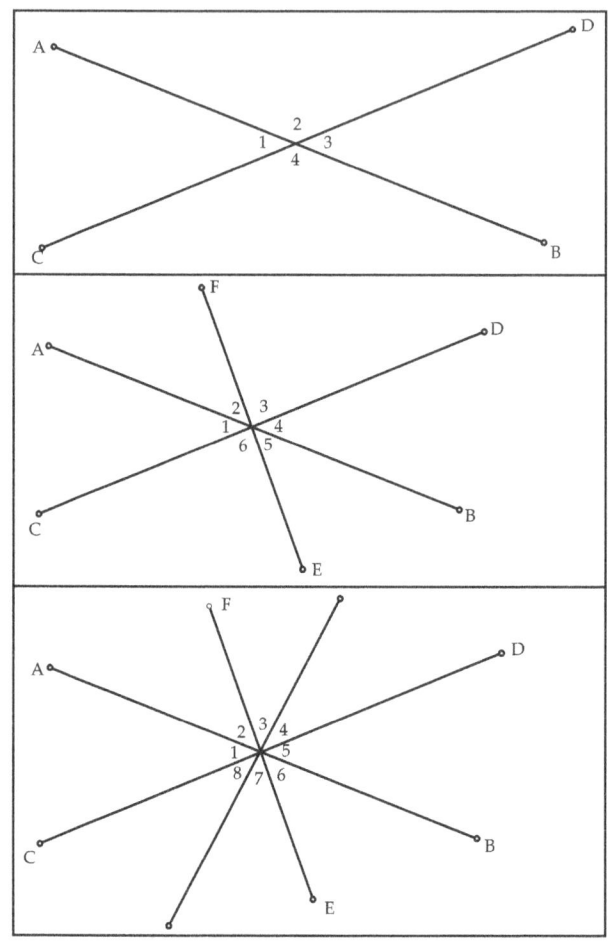

FIGURA 2.3

A essa altura, os alunos devem ter percebido que, para 10 linhas distintas, haverá 10(9) = 90 pares de ângulos opostos pelo vértice.

Isso deve levar à aula sobre como as combinações podem ser contadas de forma mais automática. Os alunos também podem examinar esse problema de outro ponto de vista: cada par de linhas produz dois pares de ângulos opostos pelo vértice. Assim, perguntamos quantas seleções de duas linhas podem ser feitas a partir de 10. A resposta é, naturalmente, $_{10}C_2 = 45$. Assim, temos $45 \cdot 2$ ou 90 pares de ângulos opostos pelo vértice.

CAPÍTULO

Apresente um desafio 3

Quem não se lembra de ter sido atraído por um desafio intelectual tão arrebatador que a pessoa fica obcecada por encontrar uma solução? Resolver um problema por meio de perseverança e inteligência pode ser uma das mais gratificantes experiências intelectuais. Para se oferecer aos alunos uma chance de resolver um problema desses, é necessário que o professor selecione um desafio apropriado. Quanto melhor os professores conhecerem seus alunos, mais fácil será escolher o problema apropriado com o qual desafiar a turma. É claro que o problema não deve ser tão fácil que perca o efeito de desafio, nem tão difícil que deixe os alunos frustrados. Acima de tudo, o desafio deve conduzir ao conteúdo que é a meta da motivação e deve deixar os alunos prontos, curiosos e abertos à aula seguinte. Ele não deve prejudicar a aula.

Os professores que têm turmas agrupadas de forma heterogênea podem considerar vantajoso criar grupos de dois ou três alunos para examinar o desafio apresentado à turma; grupos maiores muitas vezes se revelam contraproducentes, pois levam alguns alunos a ficar sentados e passivos, enquanto outros estão ativamente empenhados em atacar o desafio. Além disso, trabalhar com vários grupos pequenos pode resultar em soluções alternativas para o problema apresentado, proporcionando pontos de vista diferentes e inesperados ao tema da lição pretendida. Dentro dos pequenos grupos, os desafios a estudantes individuais também podem produzir alguns resultados criativos, que às vezes diferem significativamente do processo de raciocínio de um adulto e, ainda assim, são muito úteis como ponto de entrada para a lição a ser ensinada.

Nem sempre é fácil escolher o desafio adequado, que servirá como dispositivo motivacional para uma determinada aula. No entanto, há outras fontes, além dos livros didáticos, que oferecem problemas desafiadores e interessantes, que, se usados corretamente, podem ser apresentados de forma sucinta, de modo a exigir relativamente pouco tempo para que os alunos compreendam. Assim, proporcionam a motivação adequada aos alunos para conduzir ao tema da lição que se seguirá.

TEMA: APRESENTAÇÃO DA ORDEM DE OPERAÇÕES

Materiais ou equipamentos necessários

Uma planilha, como mostrada na Tabela 3.1, ou esses itens projetados ou escritos no quadro.

Tabela 3.1 Planilha

1.	4 4 4 4	Alvo: 2
2.	4 4 4 4	Alvo: 36
3.	4 4 4 4 4	Alvo: 16
4.	4 4 4 4 4	Alvo: 0
5.	4 4 4 4 4	Alvo: 7

Aplicação da estratégia de motivação

Alunos das últimas séries do ensino fundamental, nas quais a ordem das operações é ensinada, também podem se beneficiar dessa atividade. O dispositivo motivacional é apresentar um desafio aos alunos para mostrar que eles podem reconhecer a ordem das operações. A atividade demonstra para a turma que a ordem das operações pode gerar respostas diferentes se aplicada incorretamente. Algumas das operações que os alunos podem usar talvez só sejam ensinadas no final do ensino médio; sendo assim, a atividade pode ser revisitada em qualquer série.

Comece a atividade motivacional dando a cada aluno ou grupo de alunos a folha mostrada na Tabela 3.1. A folha mostra alguns grupos de operações, e se pede que os alunos obtenham cada um dos números naturais mostrados como alvos usando apenas os sinais de operação +, −, ×, ÷ e expoentes, bem como sinais de agrupamento como parênteses e símbolos de radicais, onde for o caso.

À medida que trabalham nos problemas, os alunos irão perceber que alguns membros de um grupo podem chegar a um "número-alvo" de maneiras diferentes. Alguns podem nem conseguir chegar a esse número. Os alunos devem decidir quais símbolos de agrupamento e que símbolos de operações podem ser usados para chegar a um determinado número-alvo. Pode haver diferentes soluções que cheguem ao número correto. Certifique-se de discutir cuidadosamente cada solução (correta ou incorreta). Indique onde a ordem incorreta de operações foi usada. Esta atividade gera a necessidade de uma aula sobre a ordem definitiva de operações, com efeito, motivando os alunos a entender bem as "regras".

Aqui está um conjunto de respostas possíveis. Observe que outras também podem ser adequadas.[1]

1. $(4 \div 4) + (4 \div 4) = 2$
2. $4 \times (4 + 4) + 4 = 36$
3. $4(4 + 4) - (4 \times 4) = 16$
4. $(4 - 4) - 4(4 - 4) = 0$
5. $\sqrt{4} + \sqrt{4} + \sqrt{4} + (4 \div 4) = 7$

Para o professor ambicioso que queira proporcionar um enriquecimento à turma, apresentamos a forma como 4 quatros podem ser usados para expressar os números naturais de 1 a 20.

$1 = \dfrac{4+4}{4+4} = \dfrac{\sqrt{44}}{\sqrt{44}}$

$2 = \dfrac{4-4}{4} + \sqrt{4}$

$3 = \dfrac{4+4+4}{4} = \sqrt{4} + \sqrt{4} - \dfrac{4}{4}$

$4 = \dfrac{4-4}{4} + 4 = \dfrac{\sqrt{4 \cdot 4} \cdot 4}{4}$

$5 = \dfrac{4 \cdot 4 + 4}{4}$

$6 = \dfrac{4+4}{4} + 4 = \dfrac{4\sqrt{4}}{4} + 4$

$7 = \dfrac{44}{4} - 4 = \sqrt{4} + 4 + \dfrac{4}{4}$

$8 = 4 \cdot 4 - 4 - 4 = \dfrac{4(4+4)}{4}$

$9 = \dfrac{44}{4} - \sqrt{4} = 4\sqrt{4} + \dfrac{4}{4}$

$10 = 4 + 4 + 4 - \sqrt{4}$

$11 = \dfrac{44}{\sqrt{4} \times \sqrt{4}}$

$12 = \dfrac{4 \cdot 4}{\sqrt{4}} + 4 = 4 \cdot 4 - \sqrt{4} - \sqrt{4}$

$13 = \dfrac{44}{4} + \sqrt{4}$

$14 = 4 \cdot 4 - 4 + \sqrt{4} = 4 + 4 + 4 + \sqrt{4}$

$15 = 4 \times 4 - \dfrac{4}{4}$

$16 = 4 \cdot 4 - 4 + 4 = \dfrac{4 \cdot 4 \cdot 4}{4}$

$17 = 4 \cdot 4 + \dfrac{4}{4}$

$18 = \dfrac{44}{\sqrt{4}} - 4 = 4 \cdot 4 + 4 - \sqrt{4}$

$19 = 4! - 4 - \dfrac{4}{4}$

$20 = 4 \cdot 4 + \sqrt{4} + \sqrt{4}$

TEMA: DETERMINANDO NÚMEROS PRIMOS

Materiais ou equipamentos necessários

Uma folha de papel com uma lista dos números de 2 a 100, dispostos da forma mostrada na Tabela 3.2.

Aplicação da estratégia de motivação

Esta atividade motivacional pode ser usada para conduzir a uma aula e a uma discussão sobre números primos e números compostos. Antes de iniciar a aula, é uma boa ideia propor uma discussão introdutória sobre números primos, fatores primos e números compostos.

Dê aos alunos uma lista dos números de 2 a 100, como mostrado na Tabela 3.2. Diga-lhes para encontrar todos os números primos de 2 a 100. Lembre-os de que um número primo[2] é aquele que não tem outros fatores além de ele mesmo e do 1. Permita-lhes alguns momentos para experimentar e perceber a dificuldade da tarefa.

Depois de tentar descobrir quais números são primos, testando todos os divisores de cada um, os alunos devem perceber que tem de haver outra maneira de encontrar os números primos. Testar cada número para encontrar todos os divisores possíveis é trabalhoso demais.

O Crivo de Eratóstenes é uma curiosidade histórica que remonta à Grécia Antiga. Nenhuma das obras de Eratóstenes (cerca de 276 a 195 a.C.) foi preservada. O Crivo é mencionado na *Introdução à Aritmética*, de Nicômaco (cerca de 60 a 120 d. C.). Fale brevemente sobre o significado de um "crivo", destinado a selecionar todos os números não primos ou números compostos. A seguir, mostre aos alunos que existe um dispositivo para fazer uma triagem dos números primos, que foi descoberto na Grécia Antiga, milhares de anos atrás, por um matemático chamado Eratóstenes.

Peça aos alunos para que circundem o primeiro número, 2, e, depois, risquem todos os múltiplos de 2 (em outras palavras, os números pares). A seguir, eles de-

Tabela 3.2 O Crivo de Eratóstenes

	2	3	4	5	6	7	8	9	10
11	12	13	14	15	16	17	18	19	20
21	22	23	24	25	26	27	28	29	30
31	32	33	34	35	36	37	38	39	40
41	42	43	44	45	46	47	48	49	50
51	52	53	54	55	56	57	58	59	60
61	62	63	64	65	66	67	68	69	70
71	72	73	74	75	76	77	78	79	80
81	82	83	84	85	86	87	88	89	90
91	92	93	94	95	96	97	98	99	100

vem circundar o primeiro número não riscado (neste caso, 3) e riscar todos os múltiplos de 3. (Alguns deles, como 6, 12 e 18, já foram eliminados como múltiplos de 2.) Depois, circunde o próximo número não riscado (5) e risque todos os múltiplos de 5. Continuando desta maneira, circundando o seguinte número não riscado e eliminando todos os múltiplos desse número, sobrarão os números primos.

2, 3, 5, 7, 11, 13, 17, 19, 23, 29, 31, 37, 41, 43... 97.

Eles não têm fatores, exceto eles mesmos e 1.

Olhando para o Crivo, cada um dos números primos é circundado, e todos os números dos quais esse primo é fator estão riscados. Assim, os únicos números restantes serão números sem outros fatores que não a si mesmos e 1. Esta é a definição de um número primo.[3]

TEMA: APLICAÇÕES ALGÉBRICAS

Materiais ou equipamentos necessários

Nenhum material especial é necessário neste caso.

Aplicação da estratégia de motivação

Começar uma aula com um desafio geralmente motiva os alunos. A habilidade está em selecionar desafios que sirvam de apoio à lição que virá, em vez de desviar a atenção dela. Veja o exemplo a seguir:

Encontre cinco pares de números (racionais) cujo produto seja igual à soma entre eles.

Os alunos geralmente tendem a recorrer novamente a uma solução algébrica para um problema que se pareça com aqueles que eles tiveram como exercícios em uma aula de álgebra, mas diante de um problema de aritmética simples como este, muitos irão usar métodos de tentativa e erro, na esperança de tropeçar na resposta correta. No entanto, às vezes, uma solução algébrica pode ser mais eficiente.

O uso do método de "chute e testagem inteligente" deve resultar em 2 e 2 como par de números que cumprem a condição de ter a mesma soma e produto. A partir desse ponto, o trabalho fica mais difícil, já que o restante dos números que cumprem a condição necessária é de frações. É aqui que a utilidade da álgebra se apresenta, especialmente para um grupo bastante frustrado de alunos com dificuldades de achar outras soluções, depois de ter encontrado a primeira com bastante facilidade – em suma, um grupo motivado!

Sejam a e b a representação de um par de números procurado, de modo que $ab = a + b$. Em seguida, $a = \frac{b}{b-1}$. Podemos ver como $a = 2$, $b = 2$ cumpre essa equação. Para se encontrarem outros pares de números, basta substituir b na equação por valores, para obter os valores correspondentes para a. Isso pode ser visto na Tabela 3.3.

A equação algébrica pode ser usada para gerar muitos outros pares de números desse tipo – uma questão que não é tão simples sem álgebra.

Tabela 3.3

b	$a = \dfrac{b}{b-1}$
3	$\dfrac{3}{2}$
4	$\dfrac{4}{3}$
5	$\dfrac{5}{4}$
6	$\dfrac{6}{5}$
–1	$\dfrac{1}{2}$
–2	$\dfrac{2}{3}$
–3	$\dfrac{3}{4}$

TEMA: INTRODUÇÃO AO CONCEITO DE π

Materiais ou equipamentos necessários

Rolinhos de papel higiênico em número suficiente para que cada grupo de alunos tenha o seu.

Aplicação da estratégia de motivação

Segurando o rolinho de papelão para que a turma veja, e com cada grupo de alunos tendo o seu para olhar mais de perto, peça aos alunos que conjecturem: o que é maior, a circunferência do cilindro ou a sua altura (ver Figura 3.1)? Intuitivamente, espera-se que os alunos imediatamente digam que a altura é maior.

Além de usar um barbante (ou fita métrica) para determinar a resposta a esta pergunta desafiadora, o professor deve perguntar à turma de que outra forma isso pode ser determinado. Relembre aos alunos a definição de π, isto é, a razão entre a circunferência de um círculo e o seu diâmetro. Isso deve levá-los imediatamente a uma fórmula para a circunferência de um círculo: $C = \pi d$. Assim, eles podem ver que a circunferência é um pouco mais do que três vezes o diâmetro do círculo. Com uma régua ou simplesmente marcando o comprimento do diâmetro, e depois o marcando três vezes ao longo da altura do cilindro, os alunos irão se surpreender ao ver o quanto a circunferência é maior do que a altura – é contraintuitivo, uma verdadeira surpresa. A seguir, isso os levará a uma lição sobre a natureza e as propriedades de π.

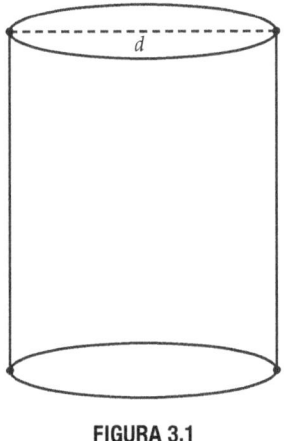

FIGURA 3.1

TEMA: COMPREENDENDO O VALOR DE π

Materiais ou equipamentos necessários

Uma lata com três bolas de tênis, que esteja completamente cheia.

Aplicação da estratégia de motivação

A estranheza de ver o professor entrar em uma sala de aula trazendo uma lata com três bolas de tênis imediatamente desperta a curiosidade entre os alunos, e essa curiosidade, em si, estimulará o interesse da turma na lição. Entretanto, o professor deverá começar perguntando à turma se a circunferência da lata é mais longa ou mais curta do que a sua altura – claro que sem realmente medi-la com barbante ou fita métrica. Visualmente, é provável que os alunos suponham que a altura da lata é maior do que sua circunferência.

Se pedirmos aos alunos para usar um barbante para fazer a comparação, eles irão concluir que a diferença é tão pequena que podem imaginar que os dois comprimentos sejam iguais. A seguir, oriente os alunos para que analisem a situação. Eles devem começar a perceber que a altura do cilindro é exatamente igual à soma dos três diâmetros das bolas de tênis, que podemos chamar de 3d (ver Figura 3.2).

De várias maneiras, o valor de π foi estabelecido como a razão entre a circunferência de um círculo e o seu diâmetro. Isso significa que a circunferência do círculo no topo da lata é π vezes o diâmetro. Sabemos que π é aproximadamente igual a 3,14. Assim, a circunferência do círculo no topo da lata mede cerca de πd, ou em torno de 3,14d, que é cerca de 0,14 unidade mais longa do que a altura. Assim, os alunos agora têm uma visão clara sobre o que significa essa razão constante π, e a porta está aberta para uma aula sobre medições geométricas envolvendo círculos.

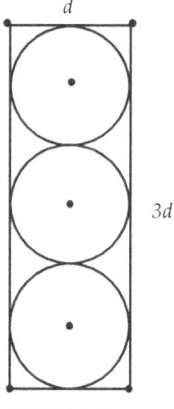

FIGURA 3.2

TEMA: APRESENTAÇÃO DA CIRCUNFERÊNCIA DE UM CÍRCULO

Materiais ou equipamentos necessários

Os meios usuais para apresentar um problema – projetor multimídia, retroprojetor ou quadro-negro.

Aplicação da estratégia de motivação

Apresente o seguinte problema aos alunos, mas tente fazê-lo de forma divertida:

> Considere uma corda amarrada ao longo da linha do Equador, que circunscreva a esfera de todo o planeta Terra. A seguir, alongue essa corda, já tão comprida, em 1 metro. Ela não está mais bem amarrada ao redor da Terra. Se levantarmos essa corda frouxa igualmente em torno da linha do Equador, de modo que ela esteja uniformemente espaçada acima dessa linha, será que um camundongo (real) caberá debaixo dela?

Estamos procurando a distância entre as circunferências desses dois círculos (Figura 3.3). Intuitivamente, a reação imediata dos alunos será a de que um camundongo nunca poderia caber sob esta corda, o que pode motivá-los a querer encontrar a circunferência dos dois círculos. Após isso ter sido feito da forma tradicional, apresentaremos a eles uma abordagem incomum que oferece uma técnica útil para a solução de problemas.

Considerando-se que o tamanho dos círculos não é fornecido, suponha que o círculo menor (interior) seja extremamente pequeno, tão pequeno que tenha um raio de comprimento 0 e é, assim, reduzido a um ponto. Então, a distância entre os círculos é apenas o raio do círculo maior. A circunferência do círculo maior é $2\pi R = C + 1$, ou $2\pi R = 0 + 1 = 1$, onde C é a circunferência da terra (agora, para este problema, reduzida a 0) e $C + 1$, o comprimento da corda. A distância entre os círculos é $R = \frac{1}{2\pi}$ = 0,159 metros, o que permitiria a um camundongo caber confortavelmente debaixo da corda.

FIGURA 3.3

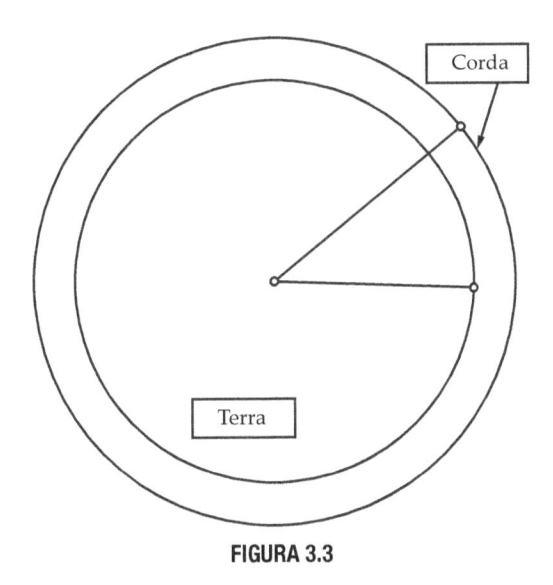

Este motivador visa demonstrar que nem mesmo em geometria tudo é "intuitivamente óbvio" e que há "fatos" geométricos que não só parecem estar errados, mas não necessariamente fazem sentido sem um exame cuidadoso. Mais importante, serve como método eficaz para motivar os alunos a uma reflexão sobre a circunferência de um círculo.

TEMA: ENCONTRANDO A SOMA DOS ÂNGULOS INTERNOS DE UM POLÍGONO

Materiais ou equipamentos necessários

Um meio para mostrar as Figuras 3.4, 3.5 e 3.6.

Aplicação da estratégia de motivação

Pressupondo que os alunos saibam que a soma dos ângulos de um triângulo é 180°, peça que desenhem, individualmente, qualquer hexágono irregular. A seguir, ensine-os a decompor o hexágono em triângulos, ou seja, desenhar linhas nele para dividi-lo em regiões triangulares. Peça à turma para encontrar a soma dos ângulos internos do hexágono. Em seguida, peça-lhes para estender isso para um polígono com n ângulos, isto é, um número qualquer de ângulos. Você pode esperar que alguns desenhos se pareçam como uma das figuras abaixo.

Este desafio, desde que proposto com paciência adequada por parte do professor, para dar tempo aos alunos de chegar a algumas triangulações criativas, pode levar diretamente à fórmula que deve ser ensinada nesta lição. Se eles chegarem à configuração das Figuras 3.4 e 3.5, notarão que a soma dos ângulos do hexágono é igual à soma dos ângulos de quatro triângulos, ou $4 \cdot 180° = 720°$.

Se chegarem à configuração da Figura 3.6, os alunos irão descobrir que a soma dos ângulos internos do hexágono é igual a seis triângulos menos a soma das medi-

FIGURA 3.4   **FIGURA 3.5**   **FIGURA 3.6**

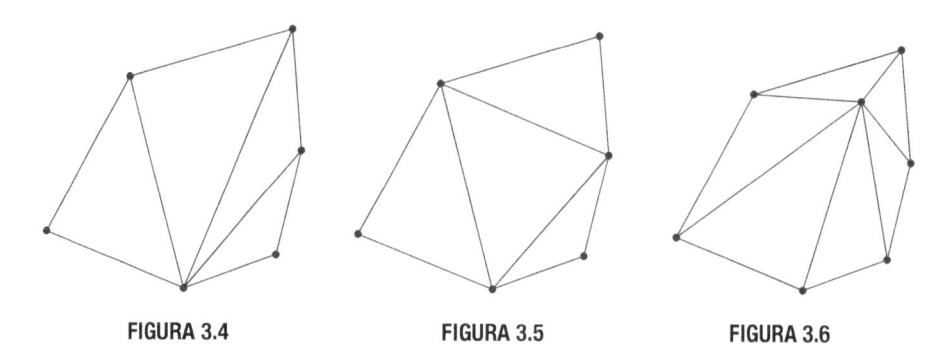

das dos vértices no ponto interior (360°). Nesse caso, a soma dos ângulos do hexágono é (6 · 180°) − (2 · 180°) = 4 · 180°. Em todos os três casos, 180 foi multiplicado por 6 − 2 = 4. Com alguns outros polígonos, os alunos devem, então, perceber que derivaram a fórmula para a soma dos ângulos internos de um polígono com n ângulos como $(n − 2)180$. O desafio inicial neste caso levou ao objetivo da aula.

TEMA: PROVANDO QUE TRIÂNGULOS SÃO CONGRUENTES

Materiais ou equipamentos necessários

Meio geralmente utilizado para apresentar um problema – projetor multimídia, retroprojetor ou quadro-negro.

Aplicação da estratégia de motivação

Esta estratégia seria adequada nas primeiras lições de geometria, depois que os alunos tiverem contato com a prova de que triângulos são congruentes. Aqui está um problema agradável e desafiador, que essencialmente parece muito difícil, mas acaba por ser muito simples, se você o "enxergar". O problema também se presta muito bem a uma pequena história, mas a essência desta motivação está em "enxergar" os triângulos que os alunos devem provar que são congruentes, a fim de obter o resultado desejado. Então, apresentamos o problema junto com alguns aprimoramentos.

Embora o incrível fenômeno geométrico que estamos prestes a apresentar seja atribuído a Napoleão Bonaparte (1769-1821), alguns críticos afirmam que o teorema foi realmente descoberto por um dos muitos matemáticos[4] com quem Napoleão gostava de interagir.

Dito de forma simples, começamos a nossa exploração dessa novidade geométrica com um triângulo escaleno – isto é, aquele que tem todos os lados de comprimentos diferentes. Após, desenhamos um triângulo equilátero em cada um dos lados desse triângulo (ver Figura 3.7).

Em seguida, desenharemos segmentos de reta juntando o vértice de cada triângulo equilátero com o vértice oposto do triângulo original (ver Figura 3.8).

Peça à turma para provar que os três segmentos de reta tracejada na Figura 3.8 se cruzam. Lembre-se de que isso se aplica a um triângulo escolhido aleatoriamente, o que implica que se aplique a todos os triângulos, que é a parte mais incrível dessa

FIGURA 3.7

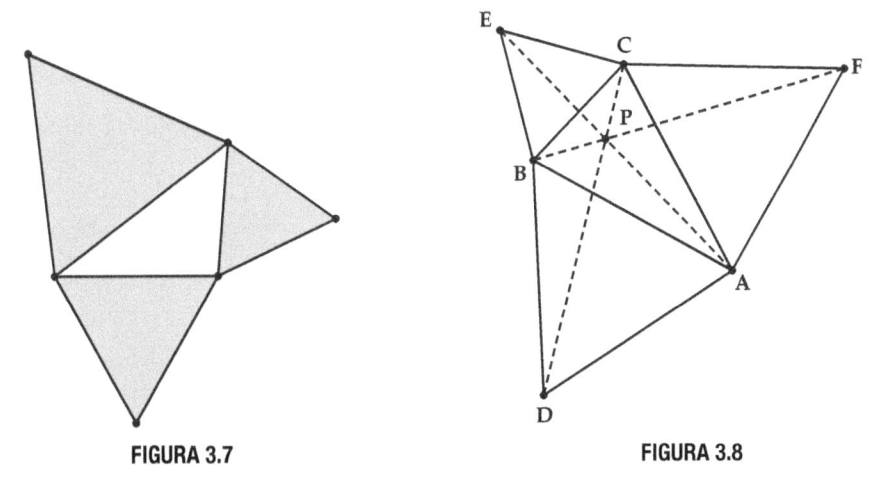

FIGURA 3.8

relação. O truque é localizar os triângulos congruentes. Eles são: $\triangle EBA \cong \triangle CBD$ e $\triangle ECA \cong \triangle BCF$, segundo o teorema LAL de congruência.

Há uma série de relacionamentos incríveis nessa configuração. Você pode citar alguns à turma e pedir para que justifiquem essas propriedades e, talvez, que também identifiquem alguns outros. Por exemplo, de todos os pontos infinitamente numerosos no triângulo escaleno original, o ponto de cruzamento (que não deve ser simplesmente pressuposto, mas provado) é o ponto a partir do qual a soma das distâncias aos três vértices do triângulo original é mais curta.[5] Ou seja, na Figura 3.9, a partir do ponto P, a soma das distâncias aos vértices A, B e C (ou seja, $PA + PB + PC$) é um mínimo. Além disso, os ângulos formados pelos vértices do triângulo original no ponto P são iguais. Na Figura 3.9, $m \angle APB = m \angle APC = m \angle BPC$ (= 120°). Este ponto, P, é chamado de *Ponto de Fermat*, em referência ao matemático francês Pierre de Fermat (1607-1665).

Essa configuração deve servir como um dispositivo motivacional em vários aspectos e por vários temas no currículo de geometria.

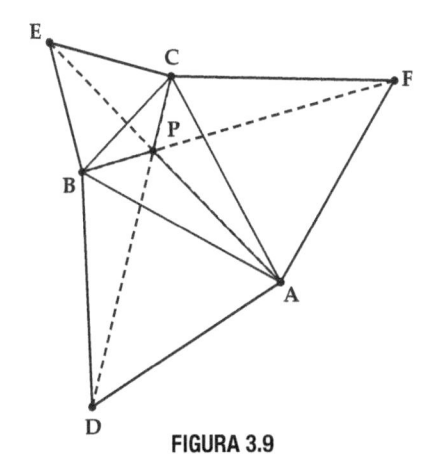

FIGURA 3.9

TEMA: INTRODUÇÃO DE SÉRIES GEOMÉTRICAS

Materiais ou equipamentos necessários

O meio mais acessível para apresentar um problema – projetor multimídia, retroprojetor ou quadro-negro.

Aplicação da estratégia de motivação

Comece a aula apresentando o seguinte desafio à classe: "Você prefere ter 100 mil reais por dia, durante 31 dias, ou

1 centavo no primeiro dia
2 centavos no segundo dia
4 centavos no terceiro dia
8 centavos no quarto dia
16 centavos o quinto dia
E assim por diante, por 31 dias?"

A experiência mostra que a maioria dos alunos irá escolher a primeira opção, ou seja, 100 mil reais para cada um dos 31 dias, já que isso equivaleria a uma soma bastante grande, de 3,1 milhões de reais. A tarefa de somar a longa lista de quantidades de centavos também é algo que eles não se dão o trabalho de fazer. Determinar com facilidade essa soma deve ser motivação suficiente para os alunos que querem aprender o tema do dia: encontrar a soma de uma série geométrica. Você pode mencionar que eles fizeram uma má escolha em termos de dinheiro. (A soma dos centavos é 21.474.836,47 reais!)

NOTAS

1. Se os alunos aprenderam que qualquer número elevado à potência 0 é igual a 1, você pode oferecer uma solução alternativa para o item 4, tal como $(4 \div 4) - (4)^{(4-4)} = 0$.
2. O número 1 não é um número primo nem um número composto.
3. Outra possibilidade interessante da aula é discutir a Conjetura de Goldbach: cada número par maior do que 2 pode ser representado como a soma de exatamente dois primos. Alguns exemplos são $8 = 3 + 5$, $10 = 3 + 7$ e $12 = 5 + 7$.
4. Qualquer dos seguintes nomes pode ter "ajudado" Napoleão a chegar a essa relação: Jean-Victor Poncelet (1788-1867), que foi um dos engenheiros militares de Napoleão e que, mais tarde, se tornou um dos fundadores da geometria projetiva; Gaspard Monge (1746-1818), assessor técnico de Napoleão que participou da campanha do Egito; Joseph-Louis Lagrange (1736-1813), matemático francês; Lorenzo Mascheroni (1750-1800), que participou da campanha italiana; Jean Baptiste Joseph de Fourier (1768-1830), que participou da campanha do Egito; Pierre-Simon, Marquês de Laplace (1749-1827), que foi professor de Napoleão (1784-1785) e mais tarde ocupou por seis semanas o cargo de ministro do interior.
5. Baseia-se em um triângulo que não tem nenhum ângulo superior a 120°. Se o triângulo tiver um ângulo maior do que 120°, então o ponto desejado será o vértice do ângulo obtuso.

CAPÍTULO 4

Instigue a turma com um resultado matemático surpreendente e impressionante

Uma forma natural de estimular o interesse pela matemática entre os alunos é por meio da curiosidade que se aninha dentro de todos nós. Essa curiosidade pode ser despertada por meio de novas ideias, paradoxos, incertezas ou resultados complexos. Aqui, os talentos do professor entram em cena com o objetivo de encontrar ilustrações para situações de fácil compreensão que levem a resultados inesperados e deixem os alunos impressionados, resultando em uma motivação para se aprofundar ainda mais no tema.

Idealmente, a melhor motivação para o tópico que virá é um problema ou uma situação que sejam facilmente resolvidos, curtos e não desviem a atenção da lição a que se destina, e que deixe os alunos se perguntando "como e por quê". Assim sendo, por exemplo, é interessante assistir a um aluno trabalhando com um dilema, quando se pede que determine se é possível, em uma hora, colher maçãs que estejam a um metro de distância uma da outra ao longo de um trecho de 100 metros e colocá-las individualmente em uma cesta fixa perto da primeira maçã. Quase todos os alunos acham que em uma hora isso não deve ser difícil e depois se espantam ao descobrir, por meio de cálculos, que a pessoa que corre para cumprir a tarefa não tem a menor chance de realizá-la. A vantagem de um exemplo desses é que tira a matemática do abstrato e a traz para a experiência da vida real do aluno, aumentando a sua relevância. Há muitos outros exemplos desse tipo, que são contraintuitivos e, ao mesmo tempo, apelam à curiosidade do aluno.

Uma motivação eficaz para a probabilidade é o famoso problema dos aniversários, mostrado mais tarde neste capítulo. Isso pode ser muito bem demonstrado a uma turma pedindo aos alunos para juntarem rapidamente em tiras de papel as datas de nascimento de colegas de 10 salas de aula próximas, tendo cerca de 30 alunos por sala, e, em seguida, verificarem se as esperadas sete de 10 salas de aula têm duas pessoas com a mesma data de nascimento. Essa é uma introdução muito poderosa à probabilidade, já que os resultados são muito diferentes do que seria esperado intuitivamente.

Esses exemplos e outros semelhantes, que levam a resultados inesperados ou a uma reação de surpresa, podem instigar os alunos a buscar os conhecimentos matemáticos e, assim, motivá-los para a aula seguinte. Naturalmente, esses exemplos nem sempre estão disponíveis, mas, para determinadas situações, vale a pena considerá-los, já que o tempo investido se justifica pelo resultado.

Uma vez que se consiga prender o interesse e a atenção dos alunos e, desse modo, a sua recepção cognitiva, um estudo mais aprofundado será muito mais eficaz. Mais uma vez, vemos que o entusiasmo dos alunos, autogerado por meio de motivação intrínseca, coloca-os em uma disposição muito mais produtiva para a aprendizagem, estimulada por essa ânsia constante de satisfazer a curiosidade implantada pela atividade motivacional do professor. Isso é muito mais eficaz do que a motivação extrínseca que vem de elogios do professor, cujo uso por ele muitas vezes se torna tedioso.

TEMA: INTRODUÇÃO À NATUREZA DA PROVA

Materiais ou equipamentos necessários

Computador ou retroprojetor com imagens preparadas das Figuras 4.1 a 4.5.

Aplicação da estratégia de motivação

Isso poderia ser usado como motivação para desenvolver a noção de prova e garantir a sua importância na mente dos alunos. Sua apresentação das ilusões de ótica a seguir pode ser como a indicada:

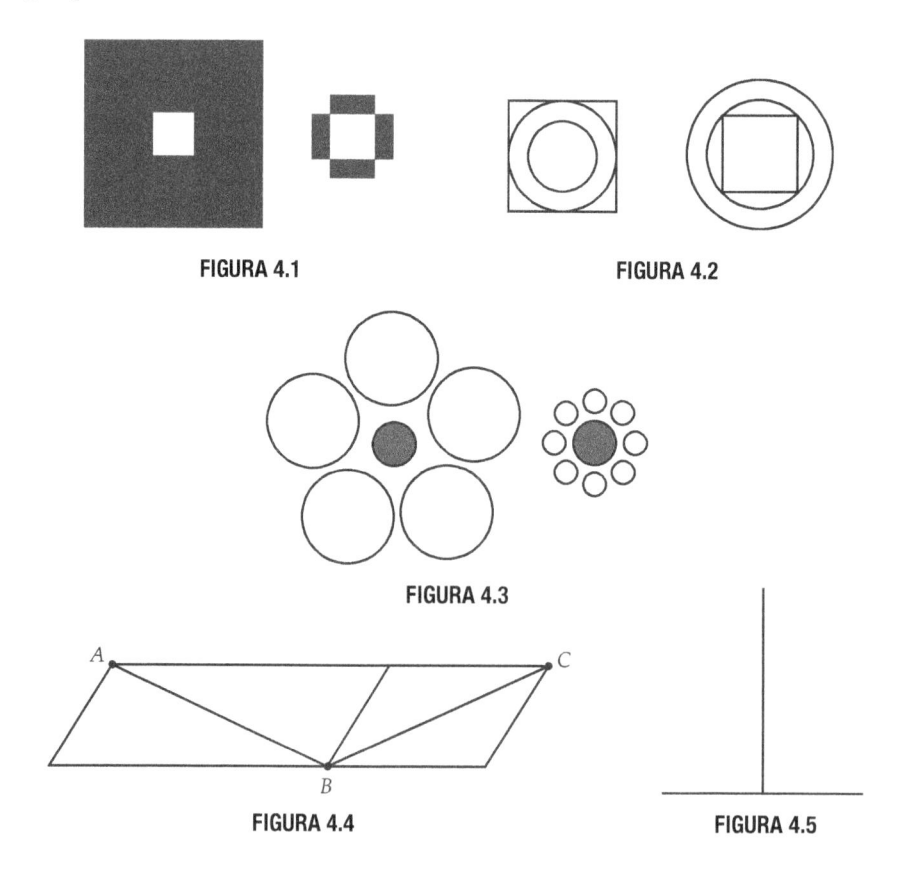

FIGURA 4.1

FIGURA 4.2

FIGURA 4.3

FIGURA 4.4

FIGURA 4.5

Em geometria, o que você vê nem sempre é a realidade. Por exemplo, na Figura 4.1, veem-se dois quadrados brancos. A maioria dos observadores diria que o quadrado branco à esquerda é um pouco menor do que o quadrado branco à direita. Isso é incorreto, pois ambos são do mesmo tamanho. O seu contexto e a sua apresentação proporcionam uma ilusão de ótica.

Outro exemplo para mostrar que o seu julgamento ótico pode não ser tão preciso quanto você pensa é o da Figura 4.2, onde o círculo inscrito no quadrado da esquerda parece ser menor do que o círculo circunscrito ao redor do quadrado da direita. Novamente, não é verdade, já que eles são do mesmo tamanho.

Para "bagunçar" ainda mais a sua percepção, considere as próximas ilusões de ótica. Na Figura 4.3, o círculo central (preto) do lado esquerdo parece ser menor do que o círculo central (preto) do lado direito. Mais uma vez, não é o caso, pois ambos são de igual tamanho.

Na Figura 4.4, $\overline{AB}$ parece ser maior do que $\overline{BC}$, mas não é. Eles têm o mesmo comprimento.

Na Figura 4.5, a linha horizontal parece ser mais curta do que a vertical, porém, mais uma vez, você sofre uma ilusão ótica, já que elas são do mesmo comprimento.

Esta motivação já deve ter definido o cenário para qualquer tipo de prova que você tenha planejado. Obviamente, uma prova geométrica seria mais adequada.

TEMA: TEOREMA DE TALES

Materiais ou equipamentos necessários

Um meio, tal como um quadro-negro ou a projeção sobre uma tela, para mostrar as seguintes figuras:

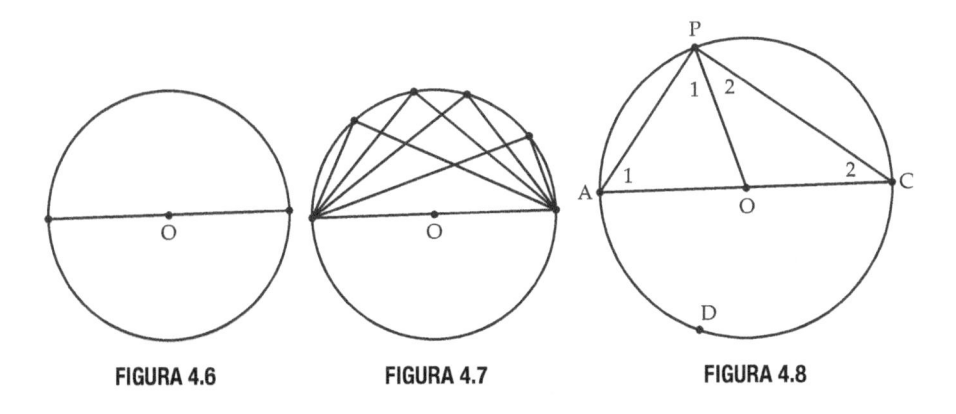

FIGURA 4.6   **FIGURA 4.7**   **FIGURA 4.8**

Aplicação da estratégia de motivação

O Teorema de Tales enuncia que: "Qualquer ângulo inscrito em um semicírculo é um ângulo reto". Esta motivação leva a uma prova deste teorema. Diga à turma que haverá um concurso: usando apenas um compasso e uma borda reta, os alunos devem desenhar ou construir o maior número possível de ângulos retos em 2 minutos. Se conseguirem construir mais do que você nesse determinado período, eles irão ganhar um prêmio. Peça para cada um pegar uma folha de papel, uma régua e um compasso e começar. (Transferidores não podem ser usados, exceto para conferir o trabalho, no final, se você escolher fazer isso.)

Todos os alunos devem saber como construir um ângulo reto construindo uma mediatriz de um segmento de reta dado. Eles devem ser capazes de construir alguns desses no período determinado, mas você pode facilmente ganhar o concurso usando o Teorema de Tales.

Enquanto os seus alunos começam a construir perpendiculares para formar ângulos retos, você constrói um único círculo e seu diâmetro, como mostrado na Figura 4.6.

A seguir, você pode desenhar tantos ângulos retos quantos desejar, simplesmente inscrevendo-os no semicírculo, como na Figura 4.7. Você sabe que todos os ângulos são de 90 graus devido ao Teorema de Tales.

A prova desse teorema é relativamente simples e pode ser feita da seguinte forma: selecione qualquer ponto, P, no semicírculo, e desenhe $\overline{AP}$ e $\overline{CP}$, como mostrado na Figura 4.8. Como $\overline{OA}$, $\overline{OC}$ e $\overline{OP}$ são todos raios do mesmo círculo, temos dois triângulos isósceles, POA e POC. Assim, os ângulos de base deles são congruentes. Usando álgebra, no triângulo PAC,

$$\angle 1 + (\angle 1 + \angle 2) + \angle 2 = 180°$$
$$2 \cdot (\angle 1) + 2 \cdot (\angle 2) = 180°$$
$$\angle 1 + \angle 2 = 90°$$

e, portanto, o teorema está provado.

É claro que, uma vez que a turma tenha aprendido que um ângulo inscrito contém o mesmo número de graus de seu arco secante, ela sabe que todos os ângulos são retos, já que o arco ADC é de 180 graus.

TEMA: APRESENTAÇÃO DA NATUREZA (OU IMPORTÂNCIA) DA PROVA

Materiais ou equipamentos necessários

Uma folha com a lista abaixo.

$$3 = 2^0 + 2$$
$$5 = 2^1 + 3$$
$$7 = 2^2 + 3$$
$$9 = 2^2 + 5$$

Aplicação da estratégia de motivação

Quando um professor embarca no exercício de tirar uma prova matemática, os alunos muitas vezes veem essa atividade como mais um processo matemático que eles são obrigados a aprender, sem entender o significado de se provar que algo é verdadeiro em todos os casos. Para motivar os alunos, o professor deve demonstrar que não se pode simplesmente pressupor que algo seja verdade só porque assim parece. Comece a aula perguntando aos alunos se eles acreditam que a afirmação a seguir é verdadeira:

Todos os números ímpares maiores do que 1 podem ser expressos como a soma de uma potência de 2 e um número primo.

Eles devem justificar sua resposta. Normalmente, os alunos irão tentar ver se essa afirmação vale para os primeiros casos.

No curto espaço de tempo permitido no início da aula, isso provavelmente bastará para os alunos concluírem que essa é uma afirmação verdadeira. É aqui que aparece o fator "impressionante", quando você lhes mostrar que isso se aplica a todos os números ímpares até 125, mas não a 127! Isso irá chocá-los de verdade e proporcionará a justificativa intensa para se fazer uma prova antes de poder aceitar algo como *sempre* verdadeiro.

Este é apenas um exemplo de um padrão numérico que parece levar a um resultado geral, mas não leva. Consideraremos a questão da conjetura do matemático francês Alphonse de Polignac (1817-1890):

"Cada número ímpar maior do que 1 pode ser expresso como a soma de uma potência de 2 e um número primo." (Ver Tabela 4.1.)

Talvez você possa pedir aos alunos para encontrar o próximo número que não se enquadre na conjetura de Polignac. Eles devem se lembrar, porém, de que quando

Tabela 4.1

$3 = 2^0 + 2$
$5 = 2^1 + 3$
$7 = 2^2 + 3$
$9 = 2^2 + 5$
$11 = 2^3 + 3$
$13 = 2^3 + 5$
$15 = 2^3 + 7$
$17 = 2^2 + 13$
$19 = 2^4 + 3$
...
$51 = 2^5 + 19$
...
$125 = 2^6 + 61$
$127 = ?$
$129 = 2^5 + 97$
$131 = 2^7 + 3$

dizemos que há um padrão, precisamos ter certeza de que ele se aplicará a todos os casos.

Você pode querer enriquecer os seus alunos com mais um enigma. Em 1849, Alphonse de Polignac propôs outra conjetura que não foi provada nem refutada até hoje. É a seguinte:

> "Há infinitos casos de dois números primos consecutivos superiores a 2, com uma diferença de um número par n."

Por exemplo, suponhamos que $n = 2$. Existe um número infinito de pares de números primos consecutivos cuja diferença é 2, tais como (3, 5), (11, 13), (17, 19), etc. Observe: ainda não estabelecemos se essa conjetura é verdadeira ou falsa.

TEMA: ANALISANDO A DIVISÃO POR ZERO

Materiais ou equipamentos necessários

Um meio, seja um quadro-negro ou a projeção em uma tela, para exibir a "prova" a seguir.

Aplicação da estratégia de motivação

Uma regra matemática que nunca é demais enfatizar é a de que não se pode dividir por zero. Nem sempre é fácil encontrar uma situação que ilustre o que acontece se erroneamente dividirmos por zero. No procedimento mais comum, o professor simplesmente diz à turma que não se pode dividir por zero, o que talvez não convença os alunos verdadeiramente de que esta é uma divisão proibida.

Este motivador proporciona uma situação simples para uma turma com habilidades algébricas básicas. Ele irá demonstrar o que acontece se desobedecermos a esse princípio fundamental.

Agora, você deve enfatizar aos alunos que encontrou uma prova de que, na verdade, 1 é igual a 2. Eles irão rir, e aí você continua fazendo a "prova", avançando cuidadosamente, um passo de cada vez, em um quadro branco, quadro-negro ou uma apresentação em PowerPoint. Deixe a turma apresentar o motivo para cada passo.

Suponha que (dado)	$a = b$
(Multiplique ambos os lados da equação por b)	$ab = b^2$
(Subtraia a^2 de ambos os lados da equação)	$ab - a^2 = b^2 - a^2$
(Fatore cada um dos lados da equação)	$a(b - a) = (b + a)(b - a)$
(Divida ambos os lados da equação por $(b - a)$)	$a = b + a$
(Substitua b por a no lado direito da equação)	$a = a + a = 2a$
(Divida ambos os lados da equação por a)	$1 = 2$

Os alunos devem ficar um pouco confusos neste momento. Peça-lhes para explicar o que fizemos que poderia ter dado errado (se houver algo). Eles sabem (é claro) que algo deve estar errado, pois 1 não pode ser igual a 2. Há, obviamente, um erro matemático. Em algum lugar, fizemos algo errado. Se voltarmos e examinarmos cada passo, tudo parece bem. Então, qual é o problema?

No quinto passo, dividimos os dois lados da nossa equação pela quantidade $(b - a)$. Considerando que começamos pressupondo que $a = b$ no passo 1, estamos, em essência, dividindo por $(a - a)$ ou 0. Isso deve mostrar aos alunos que coisas estranhas podem acontecer se dividirmos por zero. Essa é uma forma motivadora para levar a uma discussão sobre definições em matemática e por que elas são necessárias. Por exemplo, pode-se provar que $-1 = +1$, se permitirmos que $\sqrt{ab} = \sqrt{a}\sqrt{b}$, para a e b negativos.

TEMA: A LIÇÃO INTRODUTÓRIA SOBRE ESPAÇO AMOSTRAL EM PREPARAÇÃO PARA PROBABILIDADE

Materiais ou equipamentos necessários

Seis moedas ou fichas: três de um tipo e três de outro.

Aplicação da estratégia de motivação

Uma das áreas menos verdadeiramente compreendidas da matemática escolar é a probabilidade. Os alunos geralmente têm interesse, mas não compreendem corretamente os conceitos de "chances", "probabilidade", "justo" e "espaço amostral". Essa atividade dará motivação para uma aula sobre como e por que escrever o espaço amostral completo em um problema de probabilidade no qual os resultados são importantes. Na atividade, os alunos devem usar o espaço amostral para decidir se um jogo é justo ou não. Escrever um espaço amostral é uma técnica excelente para se usar ao resolver problemas de probabilidade simples, pois oferece uma exibição visual dos resultados.

Para começar, mostre aos alunos um saco contendo três fichas. Diga-lhes que duas são vermelhas e uma é preta. Eles deverão tirar duas fichas do saco sem olhar para elas. Se as fichas forem da mesma cor, eles ganharão; se forem de cores diferentes, eles perderão. Esse é um jogo justo?

A primeira expressão que deve ser esclarecida é "jogo justo". Um "jogo justo" é aquele em que cada jogador tem uma chance igual de ganhar ou perder. Um exemplo de jogo justo é "cara ou coroa", em que a chance de tirar um ou outro lado é a mesma.

Os alunos, em grupos ou como turma inteira, devem começar experimentando o jogo. Podem-se usar fichas e um saco de verdade para que a turma faça a experiência várias vezes antes de chegar a uma decisão. Intuitivamente, eles podem achar que o jogo não é *justo*. Neste momento, devem se perguntar se é possível determinar qual deve ser o resultado. Isso leva a uma lição que pode demonstrar o poder da matemática por meio da análise do espaço amostral para determinar se o jogo é justo ou não. A matemática lhes permite "provar" a justeza do jogo.

Para mostrar se o jogo é justo ou não, podemos escrever o espaço amostral para ilustrar as possibilidades de empate. Há três possibilidades (V = vermelho, P = preto):

$$V_1P \quad V_2P \quad \mathbf{V_1V_2}$$

Obviamente, este não é um jogo justo, uma vez que apenas uma das três situações resulta em uma vitória, ou seja, V_1V_2.

Agora, os alunos deverão tornar o jogo justo. Peça-lhes para considerar a colocação de exatamente mais uma ficha (vermelha ou preta) no envelope. A maioria de seus alunos irá sugerir a adição de outra ficha preta, para equilibrar o número de fichas no saco com as duas vermelhas e as duas negras. Mais uma vez, o espaço amostral deve ser usado para determinar os resultados possíveis, os quais, desta vez, são seis:

$$\begin{array}{ccc} V_1P_1 & V_1P_2 & V_1V_2 \\ V_2P_1 & V_2P_2 & P_1P_2 \end{array}$$

Novamente, este *não* é um jogo justo, já que apenas duas das seis possibilidades resultam em uma vitória.

Pergunte à turma o que mais podemos tentar para tornar esse jogo justo. Ao contrário do palpite intuitivo dos alunos, suponha que coloquemos uma terceira ficha vermelha. Agora, os alunos devem sugerir que se escreva o espaço amostral, constituído por seis possibilidades:

$$\begin{array}{ccc} V_1P_1 & \mathbf{V_1V_2} & \mathbf{V_1V_3} \\ V_2P_1 & \mathbf{V_2V_3} & V_3P_1 \end{array}$$

Agora sim! É um jogo justo, uma vez que existem três em seis maneiras de ganhar e três em seis maneiras de perder.

Esse resultado pode surpreender os alunos, já que contraria as suas expectativas. É uma excelente maneira de motivá-los a escrever o espaço amostral quando eles se deparam com um problema difícil de probabilidade, pois possibilita uma exibição visual dos resultados.

TEMA: INTRODUÇÃO AO CONCEITO DE ÁREA, OU OLHANDO ALÉM DO ESPERADO

Materiais ou equipamentos necessários

Um projetor multimídia com um *software* de geometria dinâmica, como o Geometer's Sketchpad, seria melhor, mas um quadro convencional é suficiente.

Aplicação da estratégia de motivação

Aqui está um problema que parece muito simples, mas não é. Ele já confundiu departamentos inteiros de matemática do ensino médio! No entanto, uma vez que a solução é mostrada, torna-se muito simples. O resultado é que seus alunos irão se decepcionar por não terem enxergado a solução certa desde o princípio. Experimente-o sem olhar o segundo diagrama, o que exporia a solução. Este problema deve deixar seus alunos "impressionados" e torná-los receptivos para o resto da lição, que é voltada a mostrar aos alunos como "pensar fora da caixinha" para abordar um problema matemático.

Na Figura 4.9, o ponto E se encontra em $\overline{AB}$ e C ponto, em $\overline{FG}$.

A área do paralelogramo $ABCD$ = 20 unidades quadradas. Encontre a área do paralelogramo $EFGD$.

A arte de motivar os estudantes do ensino médio para a matemática   **61**

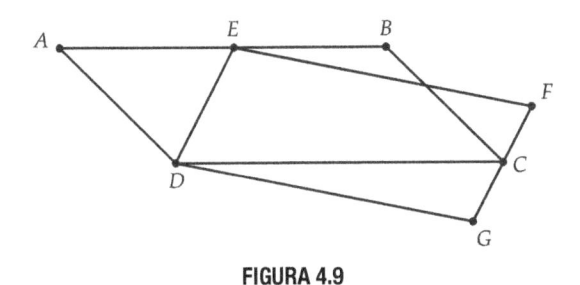

FIGURA 4.9

A solução não é a que ocorreria a muitos estudantes à primeira vista, pois eles têm se concentrado em congruência e semelhança durante grande parte da disciplina de geometria. No entanto, o problema pode ser facilmente resolvido usando apenas as ferramentas encontradas em uma disciplina de geometria do ensino médio. Comece desenhando $\overline{EC}$, como na Figura 4.10.

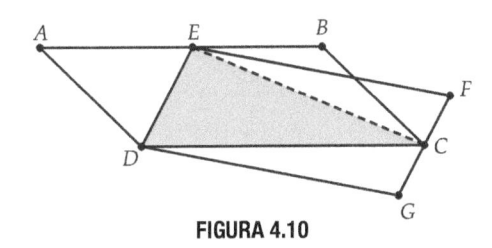

FIGURA 4.10

Considerando-se que o triângulo EDC e o paralelogramo $ABCD$ têm uma base ($\overline{DC}$) e uma altura em comum (uma perpendicular de E para $\overline{DC}$), a área do triângulo EDC é igual à metade da área do paralelogramo $ABCD$.

Da mesma forma, considerando-se que o triângulo EDC e o paralelogramo $EFGD$ têm a mesma base ($\overline{ED}$) e a mesma altura relativa à base (uma perpendicular a partir de C para $\overline{ED}$), a área do triângulo EDC é igual a metade da área do paralelogramo $EFGD$.

Agora, uma vez que as áreas do paralelogramo $ABCD$ e do paralelogramo $EFGD$ são ambas iguais a duas vezes a área do triângulo EDC, as áreas dos dois paralelogramos devem ser iguais. Assim, a área do paralelogramo $EFGD$ é igual a 20 unidades quadradas.

Embora não seja muito usado, o método de solução que acabamos de mostrar é eficaz e eficiente. No entanto, este problema pode ser resolvido de forma muito elegante, resolvendo-se um problema análogo, mais simples (sem perda de generalidade). Lembre-se de que as condições dadas originalmente eram de que os dois paralelogramos tinham de ter um vértice comum (D), e um vértice de um tinha de estar no lado do outro, como mostrado com os pontos E e C. Agora, suponhamos que C coincidisse com G, e E coincidisse com A. Isso atende à condição dada do problema original e faz os dois paralelogramos coincidirem. Assim, a área do paralelogramo $EFGD$ = 20 unidades quadradas.

Também poderíamos considerar que esta última solução usa extremos. Ou seja, podemos considerar o ponto E em $\overline{AB}$, mas situado em um extremo, como no ponto A. Da mesma forma, poderíamos situar C em G e atender a todas as condições do problema original. Assim, o problema é trivial, no sentido de que os dois paralelogramos se sobrepõem. Esta questão é uma das técnicas mais negligenciadas para a solução de problemas, e deve ser enfatizada agora.

Lembra-se da dificuldade com que seus alunos perceberam o problema no começo? Essa reação impressionada deve servir como um bom motivador para o restante da aula, enquanto o professor mantém o foco estabelecido nesta atividade inicial.

TEMA: INTRODUÇÃO À ÁREA DE UM CÍRCULO OU PARA ENCONTRAR ÁREAS DE FIGURAS SEMELHANTES

Materiais ou equipamentos necessários

Um projetor multimídia com *software* de geometria dinâmica, como o Geometer Sketchpad's, seria melhor, mas um quadro-negro convencional é suficiente.

Aplicação da estratégia de motivação

Quando um professor apresenta o seguinte problema para uma classe, o resultado é recebido com descrença ou com uma reação impressionada.

São dados cinco círculos concêntricos, como mostrado na Figura 4.11, com o círculo interno tendo raio 1 e cada círculo sucessivo com um raio que é uma unidade maior do que o do anterior. O que é maior, a área do anel exterior (a área entre os dois círculos maiores) ou a da região sombreada interior?

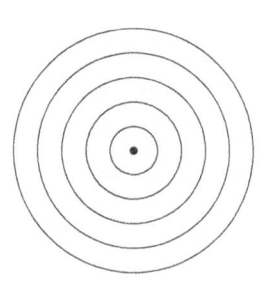

FIGURA 4.11

Intuitivamente, a área da região central sombreada parece ser maior do que a do anel externo. Os alunos ficarão chocados ao calcular e saber que as duas áreas são iguais. Isso irá levar muito bem (e entusiasticamente) à lição, de modo que essa conjetura possa ser verificada.

TEMA: SÉRIE GEOMÉTRICA INFINITA

Materiais ou equipamentos necessários

O meio de visualização normal será suficiente neste caso.

Aplicação da estratégia de motivação

Para dramatizar o tema da lição a seguir – as séries infinitas – comece com uma demonstração física, da seguinte forma: coloque-se contra a parede diretamente oposta à porta de sua sala de aula. Explique aos alunos que deseja sair da sala. No entanto, o seu plano para sair é caminhar continuamente até um ponto que esteja a meio caminho da porta. A seguir, caminhe até esse ponto. Isso deixa meia distância entre a parede da porta ainda a ser percorrida. Caminhe até o ponto na metade da distância restante. Mais uma vez, resta metade da distância (um quarto da distância original) à porta. Prossiga, percorrendo metade desta distância restante. Isso deixa a metade da distância (ou um oitavo da distância original). Pergunte à turma se você nunca irá alcançar a porta e sair da sala.

Os alunos, é claro, terão certeza de que você irá chegar à porta e, fisicamente, estão corretos! Mas será que está matematicamente correto? Neste ponto, você pode discutir a série $\frac{1}{2} + \frac{1}{4} + \frac{1}{8} + \frac{1}{16} + \ldots$, que representa a quantidade de distância *restante* entre a parede e a porta à medida que você anda. Será que essa distância algum dia chegará a 1? Ou sempre haverá uma metade de *alguma* distância restante? Existe um método matemático para resolver este conflito aparente? Isso leva a uma lição sobre a série geométrica infinita de razão inferior a 1.

A série geométrica infinita com razão menor do que 1 é uma perplexidade matemática para muitos estudantes. Obviamente, você pode alcançar *fisicamente* a porta, mas, matematicamente, a soma da sequência $\frac{1}{2}, \frac{1}{4}, \frac{1}{8}, \frac{1}{16} \ldots$ nunca termina. A soma da série é dada pela fórmula $S = \frac{a}{1-r}$, em que a é o primeiro elemento da série e r é a razão comum da série geométrica. Aqui, $a = \frac{1}{2}$ e $r = \frac{1}{2}$. Portanto, aqui temos $S = \frac{\frac{1}{2}}{\frac{1}{2}} = 1$.

Assim, o limite da soma dos elementos desta série é 1 (a distância total da parede à porta). Os alunos devem compreender que isso representa o limite da soma dos elementos da série e, matematicamente, você nunca irá chegar à porta. Você pode criar uma sensação de diversão, continuando fora da porta.

CAPÍTULO 5

Explique a utilidade de um tema

Nos últimos anos, tornou-se moda mostrar a utilidade na vida cotidiana dos temas que estão sendo ensinados na escola. Isso se aplica particularmente à matemática, na qual os questionamentos sobre a necessidade de ensinar o assunto surgem constantemente. Mesmo os alunos que têm notas altas em matemática tendem a questionar a sua utilidade. Embora o pensamento lógico que se desenvolve durante o estudo da matemática devesse ser suficiente para demonstrar sua utilidade, este aspecto do assunto ainda entra em questão, apesar de muitos alunos nem terem escolhido um caminho profissional.

Como acontece com outros dispositivos motivacionais apresentados neste livro, o fator-surpresa é importante quando a utilidade de um determinado tema leva à lição. Assim, indicar a utilidade de um tópico pode proporcionar uma boa motivação para que os alunos queiram aprender o tema a ser apresentado. Existem muitos exemplos de matemática sendo aplicados em uma ampla variedade de áreas que podem atrair certo número de alunos de diferentes faixas etárias.

Sempre que possível, os professores devem selecionar como motivadores de aula as aplicações matemáticas que vêm do conjunto de experiências dos alunos. Elas podem ir da utilização de porcentagem, como aumentos de preços em itens anteriormente mais baratos, ou exemplos de estatísticas esportivas, melhores caminhos para os alunos irem da escola para casa e assim por diante.

Também é possível que parentes de vários alunos na turma tenham profissões interessantes que se prestem a aplicações matemáticas. Em algumas circunstâncias, um convite para que esses parentes venham à aula e apresentem uma aplicação matemática de seu campo profissional pode ser muito empolgante para toda a classe.

Mais uma vez, o professor deve ter cuidado para não permitir que essa aplicação matemática domine a aula, tendo em mente que ela é apenas um motivador.

TEMA: INTRODUÇÃO A PROPORÇÕES

Materiais ou equipamentos necessários

O meio de exibição mais acessível: quadro-negro, retroprojetor ou projetor multimídia.

Aplicação da estratégia de motivação

Apresente o seguinte problema desafiador à turma. A experiência mostra que a maioria dos estudantes não consegue entendê-lo, uma vez que existem muitas variáveis.

Se m maçãs custam r reais, pelo mesmo preço, qual é o custo, em centavos, de b maçãs?

Este problema aparentemente simples se revelou bastante desafiador para alunos desavisados. Por parecer simples e porque poucos alunos na turma costumam chegar à resposta certa em um tempo razoável, o problema potencializa o interesse dos alunos e serve muito bem para motivá-los para uma aula sobre proporções, e demonstrará claramente a utilidade do tema das proporções.

Os alunos tentam usar algum tipo de raciocínio e talvez, até mesmo, substituir as letras por números, de modo a tornar o problema menos abstrato. No entanto, deve ser bastante fácil convencê-los do poder de uma proporção para resolver esse problema, tornando-a uma boa porta de entrada para a discussão de proporções.

Para resolver o problema com proporções, eles só têm de estabelecer a seguinte proporção: $\frac{m \text{ maçãs}}{b \text{ maçãs}} = \frac{100r \text{ centavos}}{x \text{ centavos}}$, de modo que a solução para x resulta em: $\frac{100br}{a}$. A simplicidade da solução com a ajuda de raciocínio proporcional deve motivar a turma para procurar outros problemas desse tipo e calcular as suas proporções.

TEMA: APLICANDO ÁLGEBRA

Materiais ou equipamentos necessários

O meio de exibição mais acessível: quadro-negro, retroprojetor ou projetor multimídia.

Aplicação da estratégia de motivação

A maioria dos currículos de ensino de matemática espera que os alunos sejam capazes de representar e analisar situações matemáticas usando os símbolos algébricos. Esse motivador envolve os alunos em uma atividade de "leitura da mente" que os desafia a explicar como e por que as instruções levam a um determinado resultado. A seguir, eles aprendem que devem usar as suas habilidades algébricas para comprovar as respostas. Esse motivador proporciona uma excelente atividade para introduzir uma aula sobre prova ou justificativa algébrica.

Comece com os alunos escrevendo qualquer número de três algarismos (composto de três algarismos diferentes). A seguir, eles devem formar todos os arranjos de dois algarismos que possam ser feitos a partir dos três algarismos do número original (deve haver seis dessas permutações ou arranjos dos algarismos). Peça para todos somarem os seis números de dois algarismos. Depois, peça que dividam essa soma pela soma dos algarismos do número original. Todos obterão o resultado de 22. Pergunte-lhes por que isso acontece.

Inicialmente, os alunos ficarão "impressionados" com o fato de a resposta de todos ser 22. A curiosidade deles deve ser provocada para que perguntem por que isso acontece, independentemente dos três algarismos com que começaram. Eles devem lhe pedir para mostrar por que sempre funciona, o que leva a uma aula sobre as provas ou justificativas algébricas.

A prova consiste em representar algebricamente números de dois e três algarismos e seguir as instruções cuidadosamente. Um número de três algarismos pode ser escrito como $100h + 10t + u$ onde h, t, e u são os três algarismos. A soma dos algarismos é $(h + t + u)$.

O trabalho deles deve ser algo como o seguinte:

Escreva um número de três algarismos (com três algarismos diferentes): $100h + 10t + u$

Forme as seis permutações de dois algarismos:

$$10h + t$$
$$10t + h$$
$$10u + h$$
$$10h + u$$
$$10t + u$$
$$10u + t$$

Some estes seis números para obter: $22h + 22t + 22u = 22(h + t + u)$
Dividir pela soma dos algarismos do seu número original:

$$22(h + t + u) \div (h + t + u) = 22$$

Os alunos verão a justificativa para que a resposta seja sempre 22.

TEMA: INTRODUÇÃO AOS TRIÂNGULOS SEMELHANTES

Materiais ou equipamentos necessários

O meio de exibição mais acessível: quadro-negro, retroprojetor ou projetor multimídia.

Aplicação da estratégia de motivação

Este motivador leva a uma série de lições sobre triângulos semelhantes e como fazer uso da proporcionalidade de seus lados correspondentes. Desenvolve-se esse recurso para fazer medições indiretas de objetos que não possam ser medidos diretamente. Conte a história de como se pediu a Tales, o antigo e famoso matemático e engenheiro grego, para medir a altura das pirâmides no Egito antigo, uma altura inacessível. Ele descobriu uma técnica inteligente para realizar essa tarefa. Você pode perguntar à turma como ele teria conseguido.

É claro que alguns alunos irão sugerir o uso de uma escada. Isso não é viável porque a altura da pirâmide demanda uma escada muito longa. Em segundo lugar, a escada não seria capaz de permanecer no centro da pirâmide para obter uma medida vertical. Discuta algumas de suas ideias antes de revelar o que Tales fez.

Tales fez uso do triângulo formado por três pontos: o topo da pirâmide, o ponto final externo da sua sombra e a base de altitude da pirâmide. Ele criou um par de triângulos semelhantes usando sua própria altura e sombra e comparou ao comprimento da sombra da pirâmide (ver Figura 5.1).

Uma vez que os triângulos são semelhantes, ele fez uso do seguinte proporção:

$$\frac{\text{Altura de Tales}}{\text{altura da pirâmide}} = \frac{\text{sombra de Tales}}{\text{sombra da pirâmide} + \text{meia base}}$$

Este processo é chamado, às vezes, de "medição com sombras".

FIGURA 5.1

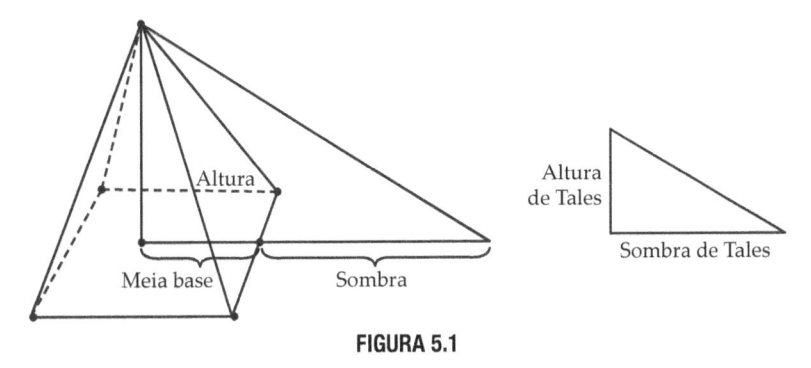

TEMA: INTRODUÇÃO À ARITMÉTICA MODULAR

Materiais ou equipamentos necessários

O meio de exibição mais acessível: quadro-negro, retroprojetor ou projetor multimídia.

Aplicação da estratégia de motivação

Apresente o seguinte para a turma, com a tarefa de determinar por que isso pode fazer sentido.

$$362 + 456 = 152^*$$

Isso entra claramente em conflito com o que os alunos já "sabem" que é correto. A reação inicial será de que o exemplo não está certo. Garanta-lhes que está bem correto. Pergunte se eles já viram um medidor de gás (ver Figura 5.2). O resultado irá facilmente levar a uma lição de aritmética modular.

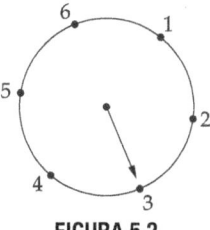

FIGURA 5.2

TEMA: INTRODUÇÃO À INTERSECÇÃO DAS BISSETRIZES DE UM TRIÂNGULO

Materiais ou equipamentos necessários

Qualquer meio para apresentar o seguinte problema, de preferência um programa de computador de geometria dinâmica, como o Geometer's Sketchpad.

---

[*] N. de R.T.: A proposta envolve a aritmética modular, relacionada ao conceito de congruência. Uma congruência é a relação entre dois números que, divididos por um terceiro – chamado módulo de congruência – deixam o mesmo resto. Nesse caso, a resposta da adição seria 818, mas 818 é congruente a 152 módulo 3 (o número indicado no relógio), porque 818 e 512 divididos por 3 deixam resto 2. Podemos representar assim: 818 ≡ 512 (mod 3).

Aplicação da estratégia de motivação

Comece a aula com a apresentação de um problema que motivará os alunos a aprender uma relação das bissetrizes dos ângulos de um triângulo, particularmente, que elas se intersectam. O problema com que a turma deve lidar é o seguinte: temos dois fios em um campo, próximo a um lago. Cada um deles termina na beira do lago. Se fossem estendidos, eles se cruzariam no lago. O problema consiste em colocar um terceiro fio entre esses dois, de modo que este terceiro fio divida o ângulo formado pelos outros dois fios, se estes tivessem sido estendidos para dentro do lago (ver Figura 5.3).

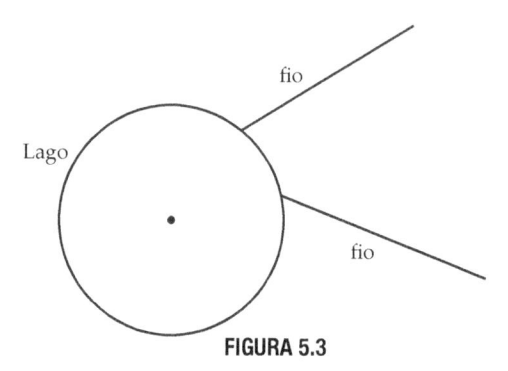

FIGURA 5.3

Este problema irá mostrar a utilidade de se saber que as bissetrizes de um triângulo se interceptam em um ponto.

Comece desenhando qualquer linha atravessando dos dois fios e, em seguida, as bissetrizes dos ângulos assim formados, como na Figura 5.4.

Os alunos devem perceber agora que a bissetriz desejada – a que corta o ângulo inacessível no lago – deve conter o ponto, P, no qual essas duas bissetrizes se cruzam.

A repetição desse procedimento para outra linha que cruze os dois fios fornecidos nos dá o ponto Q (ver Figura 5.5). Desta vez, a bissetriz do terceiro ângulo do triângulo formado desse modo teria de conter também o ponto Q, o ponto de intersecção das bissetrizes do segundo triângulo formado.

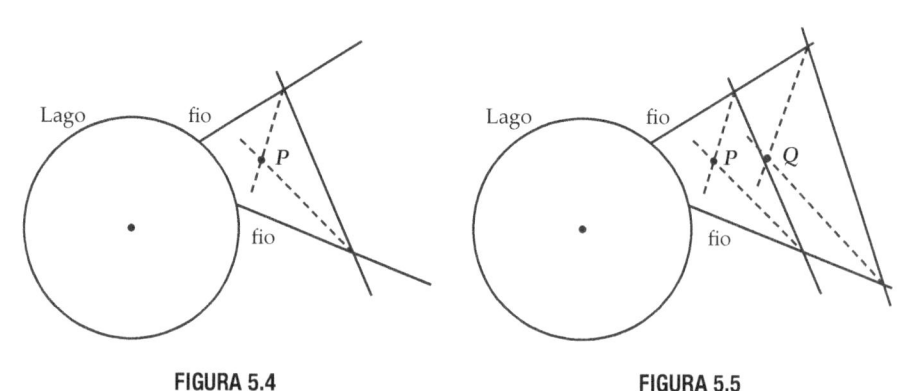

FIGURA 5.4   **FIGURA 5.5**

FIGURA 5.6

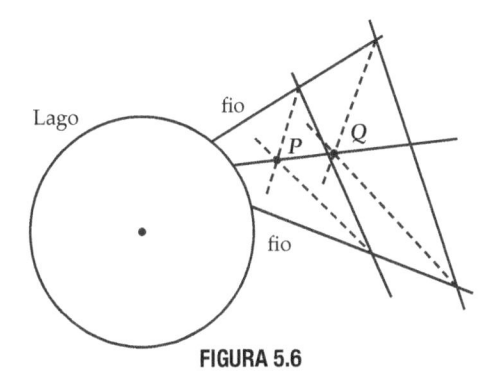

Os alunos devem agora perceber que situar os pontos P e Q na bissetriz do ângulo do ângulo inacessível no lago irá determinar a linha desejada, mostrada na Figura 5.6. Esse problema deve ter servido para demonstrar a utilidade da intersecção das bissetrizes de um triângulo.

TEMA: DETERMINANDO O VOLUME DE UM CILINDRO CIRCULAR RETO

Materiais ou equipamentos necessários

Para cada aluno ou grupo de alunos: duas folhas de 24 cm × 30 cm,* fita adesiva e feijões.

Aplicação da estratégia de motivação

Os alunos devem aprender a encontrar o volume de um cilindro. Ao trabalhar na unidade padrão de volume, geralmente começam com sólidos cúbicos e retangulares, todos com lados de comprimento inteiro, figuras que contêm pequenos cubos de 1 × 1 × 1. A seguir, podem-se contar esses cubos para determinar o volume, e são desenvolvidas as fórmulas apropriadas. Quando se trabalha com um cilindro, no entanto, esses cubos não podem preencher completamente o interior da figura e é preciso desenvolver outro método. Esta atividade deve motivar os alunos a querer encontrar a fórmula para o volume de um cilindro, que é a lição seguinte.

Dê a cada grupo de alunos duas folhas de 24 cm × 30 cm e um pouco de fita adesiva. Também dê a cada grupo uma quantidade de feijão. Peça para que cada grupo faça um cilindro rolando o papel ao longo do lado de 30 cm e colando com fita para formar o cilindro. Peça que façam um segundo cilindro rolando o papel ao longo do lado de 24 cm e colando. Os estudantes devem descobrir qual cilindro comporta o maior volume usando feijão.

Como não tiveram contato com a fórmula de volume de um cilindro, os alunos têm de desenvolver outra maneira de resolver esse problema. Geralmente, sua reação

---

* N. de R.T.: No original, as medidas estão expressas em polegadas e polegadas cúbicas. Aqui, são utilizados centímetros e centímetros cúbicos, tomando como padrão as medidas de uma folha A4: 21 cm de largura (arredondado para 24) por 29,7 cm de altura (arredondado para 30).

inicial é de que ambos contêm a mesma quantidade, já que foram feitos a partir de folhas de papel do mesmo tamanho. Depois de algumas experiências, devem chegar à conclusão de que podem preencher cada cilindro com o feijão, despejá-lo e, contando, determinar o volume maior.

O método que os alunos usam para descobrir qual cilindro tem o maior volume é válido, mas dá muito trabalho para encher cuidadosamente os cilindros e depois contar o número de grãos contidos em cada um deles. Além disso, embora responda à pergunta sobre qual deles tem *maior* volume, o método não nos permite descobrir o volume real de cada cilindro. Para isso, eles precisam da fórmula, $V = \pi r^2 \cdot h$, onde h é a altura do cilindro e r é o raio da parte circular inferior (ou superior). Esta é a lição do dia.

Após a lição ter sido apresentada, podemos resolver o problema original dos alunos da seguinte forma:

Cilindro 1: Altura = 30 cm; o raio da base é encontrado usando a fórmula da circunferência. A circunferência é de 24 cm. $C = 2\pi r$, então $r = 3,82$. Os alunos podem agora encontrar o volume do primeiro cilindro:

$V = \pi r^2 h$, $V = \pi \cdot (3,82)^2 \cdot 30 = 1374,38$ centímetros cúbicos.

Cilindro 2: Altura = 24 cm; o raio da base é encontrado usando a fórmula da circunferência. A circunferência é de 30 cm. $C = 2\pi r$, então $r = 4,78$. Aqui, os alunos voltarão a usar a fórmula:

$V = \pi r^2 h$, de modo que $V = \pi \cdot (4,78)^2 \cdot 24 = 1721,98$ centímetros cúbicos.

Em vez de usar grãos e ter de contá-los tediosamente, aplicar a fórmula é um método muito mais simples e mais preciso para encontrar o volume de um cilindro. A motivação inicial dos alunos para encontrar a utilidade do tópico deve ficar clara.

TEMA: INTRODUÇÃO À PROBABILIDADE – RESULTADOS ESPERADOS

Materiais ou equipamentos necessários

Para cada aluno, uma folha de respostas com espaço para 20 respostas do tipo "verdadeiro ou falso".

Aplicação da estratégia de motivação

Este elemento de motivação proporciona uma excelente introdução à probabilidade, fazendo dos alunos parceiros nos resultados e abrindo a porta para mais estudos de probabilidade. Ele os desafia a decidir se vale a pena "chutar" em uma prova.

Dê a cada aluno uma folha de papel e peça que numere de 1 a 20 para um teste de verdadeiro ou falso. Diga aos alunos que este é um teste incomum, do qual eles não têm as perguntas. Eles devem simplesmente adivinhar se cada pergunta é respondida com verdadeiro ou falso. Se acharem que o item é verdadeiro, devem indicar com um V; se acharem que é falso, indicam com um F. Quando terminarem, diga à turma quais são as "respostas" certas e peça que corrijam e deem nota a seus trabalhos.

Usaremos as seguintes "respostas certas", às quais chegamos com um cara-ou--coroa. Se for cara, a questão foi considerada verdadeira; se for coroa, é falsa.

1. F	5. F	9. V	13. V	17. V
2. F	6. F	10. F	14. F	18. F
3. V	7. V	11. V	15. V	19. F
4. F	8. F	12. F	16. F	20. F

Os alunos provavelmente irão rir da situação e usar algum "sistema" para colocar V ou F em cada questão. Aqueles que tiverem algumas ideias vagas sobre probabilidade podem até escrever V para todas as respostas, e pressupor que terão pelo menos 50% de acertos. Quando terminarem, pode ser que perguntem por que havia mais Fs (13) do que Vs (7). Intuitivamente, seria de esperar 10 de cada. Isso leva a uma aula sobre probabilidade empírica contra experimental.

A seguir, peça que os alunos combinem todos os seus Vs e Fs. Veja se o resultado combinado se aproxima de 50%. Certifique-se de que a turma entende que, à medida que aumenta o número de casos, a probabilidade experimental irá se aproximar mais da probabilidade esperada.

Será que faz sentido "chutar"? Qual é a probabilidade de se obter 100% neste teste chutando?

Discuta o conceito de espaço amostral. Neste caso, as duas primeiras respostas poderiam ter sido V-F, V-V, F-V ou F-F.

A probabilidade de se obterem duas respostas falsas consecutivas é de apenas 1 em cada 4, ou $\frac{1}{4}$. (Resposta: $(\frac{1}{2})^{20}$) Os alunos devem, então, responder se conseguem imaginar uma situação em que o resultado esperado seja de 100% e outra onde seja 0%.

TEMA: APRESENTAÇÃO DO PRODUTO DOS SEGMENTOS DE DUAS CORDAS DE UM CÍRCULO QUE SE INTERSECTAM

Materiais ou equipamentos necessários

Qualquer meio para mostrar o problema a seguir, de preferência um programa de computador de geometria dinâmica, como o Geometer's Sketchpad.

Aplicação da estratégia de motivação

Comece dizendo aos alunos que você teve um problema recentemente: um prato quebrou e você precisava obter um substituto. A maior parte do prato quebrado era menor do que um semicírculo e, portanto, você tinha o problema de determinar qual era o diâmetro do prato. Isso é mostrado na Figura 5.7, em que a linha tracejada representa a parte quebrada.

Seguindo as linhas traçadas na Figura 5.8, podemos medir os segmentos: $\overline{AE}$, $\overline{BE}$, e $\overline{CE}$, como 6 cm, 6 cm e 3 cm, respectivamente. Isso leva ao teorema "das cordas secantes", que nos dá $AE \cdot BE = CE \cdot DE$, ou $6 \cdot 6 = 3x$ e $x = 12$. Por conseguinte, o diâmetro da placa era de 3 cm + 12 cm = 15 cm.

FIGURA 5.7   FIGURA 5.8

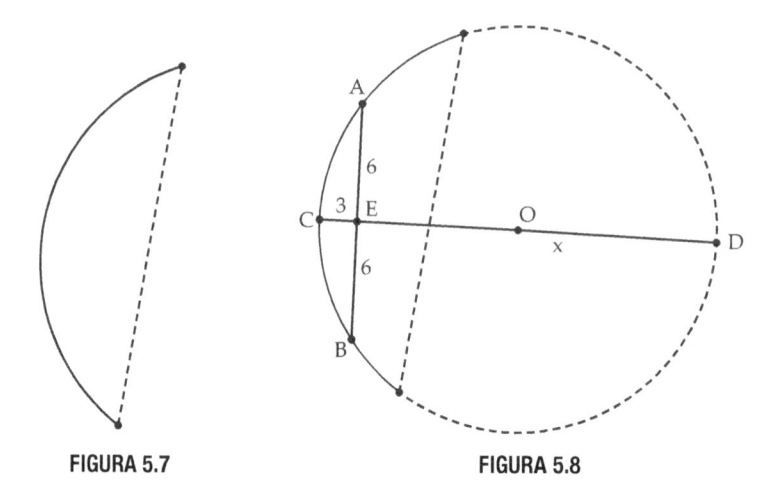

TEMA: INTRODUÇÃO AO CIRCUNCENTRO DE UM TRIÂNGULO

Materiais ou equipamentos necessários

Qualquer meio para mostrar o problema a seguir, de preferência um programa de computador de geometria dinâmica, como o Geometer's Sketchpad.

Aplicação da estratégia de motivação

O circuncentro de um triângulo é o ponto no qual as mediatrizes dos lados intersectam. Este motivador leva a uma aula sobre o *circuncentro*, o *incentro* e o *ortocentro* de um triângulo. Os alunos devem ser motivados pela apresentação do seguinte problema de localização para sua consideração. A Wagner Food Company está planejando construir um novo centro de distribuição de alimentos que será equidistante de cada um dos três de seus melhores clientes.[1] Determine como ela pode encontrar o local para a construção do centro.

Os alunos devem descobrir rapidamente que a localização dos três clientes estabelece um triângulo. Assim, o que eles estão procurando é um ponto equidistante dos três vértices. Isso deve levá-los a perguntar como encontrar este ponto, ao que deve se seguir uma lição sobre o circuncentro.

A lição, então, irá cobrir a localização desse ponto, onde as três mediatrizes dos lados de um triângulo intersectam (Figura 5.9). Este ponto de simultaneidade, chamado circuncentro do triângulo, pode estar fora do triângulo (triângulo obtuso), sobre um dos lados do triângulo (triângulo retângulo) ou no interior do triângulo (um triângulo acutângulo), e estar à mesma distância dos três vértices do triângulo.

A Wagner Food Company deve, portanto, construir o seu centro de distribuição no circuncentro do triângulo formado pelos três locais. Um pouco mais tarde, a turma pode querer conhecer a localização do ponto em que a soma das distâncias aos três clientes é um mínimo (ver página 51).

FIGURA 5.9

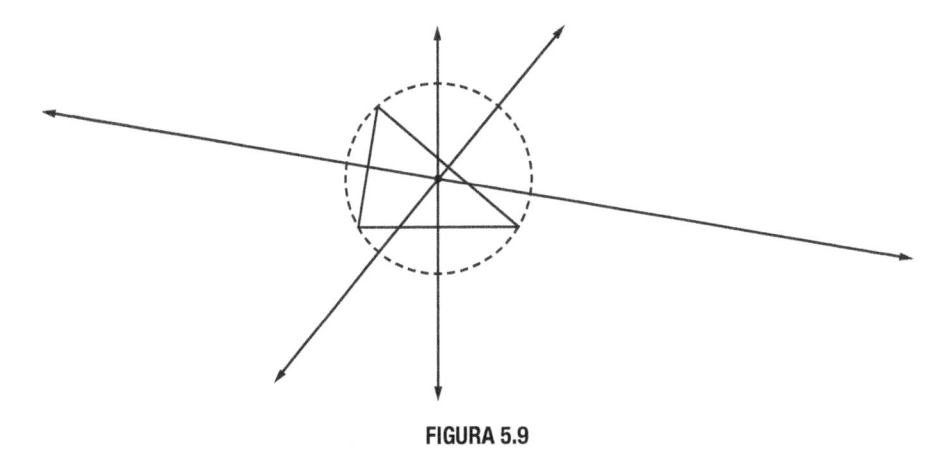

NOTA

1. Observe que os três clientes não estão em três pontos colineares.

CAPÍTULO 6
Utilize matemática recreativa

A maioria das pessoas gosta de jogos. Isso inclui resolver enigmas, charadas e outros tipos de problemas matemáticos. Nos últimos anos, o jogo de números Sudoku tem fascinado crianças e adultos. Devidamente selecionada, uma atividade matemática recreativa também pode ser útil aos professores e proporcionar uma porta de entrada para uma lição. Não só é motivacional, como também deve possibilitar aos alunos um sentimento de realização.

Os alunos deverão ser capazes de apreciar o aspecto divertido e recreativo da atividade e, assim, desenvolver um interesse na lição que se seguiu. Os professores devem ser cautelosos na escolha da atividade para evitar prejudicar a lição que se segue, tendo em conta que a atividade deve motivar o interesse dos alunos no tema da lição.

Alguns elementos de matemática recreativa podem fazer parte da aula, outros podem ser usados "apenas por diversão". A matemática recreativa é cheia de enigmas, jogos, paradoxos e curiosidades. Além de ser selecionados por sua potência motivacional específica, esses dispositivos devem ser desafiadores, mas breves e agradáveis. Apesar de serem, por vezes, impraticáveis, eles são divertidos, aumentam o interesse, estimulam a curiosidade intelectual e permitem o desenvolvimento de técnicas e conceitos matemáticos. Para que a técnica seja eficaz, o aluno deve ser capaz de conseguir fazer a "recreação" sem muito esforço. Muitas recreações motivacionais podem ser justificadas com um simples uso de álgebra. Por exemplo, a maioria dos truques do tipo "pense em um número" se presta prontamente a soluções algébricas. Aqui está apenas um exemplo:

Passo 1. Pense em um número. x
Passo 2. Dobre o seu número. $2x$
Passo 3. Adicione 8. $2x + 8$
Passo 4. Subtraia 2. $2x + 6$
Passo 5. Divida por 2. $x + 3$
Passo 6. Subtraia o seu número original. 3
Seu resultado é 3.

Este exemplo simples de "mágica" algébrica irá surpreender os seus alunos e levá-los a uma aula sobre representação e prova algébricas.

As recreações ideais são as que parecem difíceis, mas são surpreendentemente simples de resolver. Essas soluções muitas vezes podem exigir que se pense "fora da caixa". As ilustrações podem ser encontradas em muitas formas de pensamento matemático e processamento de problemas. Ao selecionar esses dispositivos motivacionais, os professores devem estar atentos para não torná-los tão fáceis para o público-alvo que eles acabem sendo bobos, nem tão difíceis que estejam fora do alcance da maioria dos alunos. Ao avaliar a adequação desses dispositivos motivacionais recreativos, é preciso considerar que o desenvolvimento emocional do aluno também é influenciado por fatores que ocorrem dentro da sala de aula e podem mudar com os vários estímulos fornecidos pelo professor. Assim, as avaliações dos professores sobre os alunos devem ser flexíveis para antecipar as mudanças ao longo da disciplina. À medida que o aluno desenvolve sua capacidade intelectual, também a valorização, a compreensão e o processamento de um quebra-cabeça evoluirão com o tempo.

Infelizmente, muitos adultos ainda têm medo e não gostam de matemática, em grande parte porque seus professores não levaram em conta a importância do ensino motivador – especialmente usando técnicas recreativas. Esse tipo de dispositivo motivacional é uma maneira excelente não apenas de introduzir a lição, mas também de demonstrar um aspecto alegre da matemática que pode ter um efeito duradouro sobre os alunos.

Problemas de raciocínio e jogos matemáticos são capazes de demonstrar a diversão que a matemática pode oferecer. Essas atividades muitas vezes conquistam os não iniciados e servem muito mais do que como mera motivação para a próxima lição.

TEMA: IDENTIFICANDO FATORES DE NÚMEROS

Materiais ou equipamentos necessários

Um meio apropriado para apresentar a matemática.

Aplicação da estratégia de motivação

Comece a aula pedindo aos alunos para encontrar todos os fatores de 220 (com exceção do próprio 220) e, em seguida, encontrar a soma desses fatores. A seguir, eles devem fazer o mesmo com o número 284. Se fizeram isso corretamente, devem ter obtido um resultado incomum. Esses dois números podem ser considerados "números amigos"!

O que poderia tornar dois números amigos? A primeira reação dos seus alunos pode ser de que esses números são amigos deles. Lembre os alunos de que estamos falando aqui de números que são "amigos" entre si. Os matemáticos decidiram que dois números serão considerados amigos se a soma dos divisores do primeiro número for igual ao segundo *e* a soma dos divisores do segundo número for igual ao primeiro.

Parece complicado? Peça aos alunos para examinarem o menor par de números amigos: 220 e 284. Eles devem ter obtido o seguinte, que deve mostrar o aspecto recreativo da matemática.

Os divisores de **220** são 1, 2, 4, 5, 10, 11, 20, 22, 44, 55 e 110.
A sua soma é $1 + 2 + 4 + 5 + 10 + 11 + 20 + 22 + 44 + 55 + 110 = $ **284**.
Os divisores de **284** são 1, 2, 4, 71 e 142, e a sua soma é de $1 + 2 + 4 + 71 + 142 = $ **220**.
Isso mostra que os dois números são números amigos.

Você pode agora querer embarcar no conceito mais amplo da determinação de fatores ou levar esse tema recreativo um passo adiante.

Um segundo par de números amigos (descoberto por Pierre de Fermat, 1601-1665) é: 17296 e 18416.

Neste caso, $17296 = 2^4 \cdot 23 \cdot 47$, e $18416 = 2^4 \cdot 1151$

A soma dos fatores de 17296 é

$$1 + 2 + 4 + 8 + 16 + 23 + 46 + 47 + 92 + 94 + 184$$
$$+ 188 + 368 + 376 + 752 + 1081 + 2162$$
$$+ 4324 + 8648 = \mathbf{18416}$$

A soma dos fatores de 18416 é $1 + 2 + 4 + 8 + 16 + 1151 + 2302 + 4604 + 9208 = \mathbf{17296}$

Aqui estão mais alguns pares de números amigos:

1184 e 1210
2620 e 2924
5020 e 5564
6232 e 6368
10744 e 10856
9363584 e 9437056
111448537712 e 118853793424

Seus alunos podem querer conferir a "amizade" dos pares acima, embora isso possa ser bastante demorado.

TEMA: ENTENDENDO PERCENTUAIS

Materiais ou equipamentos necessários

O meio mais acessível de apresentação.

Aplicação da estratégia de motivação

Você pode apresentar isso de qualquer maneira que faça parecer recreativo para o público-alvo de alunos. A aplicação a algum tema local o tornaria ainda mais recreativo. Também deve ser apresentado em um tom adequado. Vamos demonstrá-lo em termos gerais, apenas como modelo.

Suponha que você tenha um emprego no qual recebeu um aumento de 10%. Como o negócio ia mal, o chefe logo foi forçado a lhe aplicar um corte de 10% no salário. Você voltaria a seu salário inicial? A resposta é um retumbante (e muito surpreendente) NÃO!

Essa pequena história é bastante desconcertante, já que seria de se esperar que, com a mesma porcentagem de aumento e diminuição, você voltasse ao lugar onde começou. Esse pensamento é intuitivo, mas incorreto. Os alunos podem querer se convencer disso escolhendo uma quantidade específica de dinheiro e tentando seguir as instruções.

Comece com 100 reais. Calcule um aumento de 10% sobre os 100 reais para obter 110 reais. Agora desconte 10% desses 110 reais para obter 99 reais, isto é, 1 a menos do que a quantidade inicial.

Eles podem se perguntar se o resultado teria sido diferente caso calculassem antes a redução de 10% e, em seguida, o aumento de 10%. Usando a mesma base de 100 reais, calcule antes uma redução de 10% para obter 90 reais. A seguir, o aumento de 10% dá 99 reais, o mesmo que antes. Portanto, a ordem aparentemente não faz diferença.

Isso irá levar o professor a uma discussão de percentuais com uma turma que agora está motivada.

TEMA: REFORÇANDO UM POUCO DE PENSAMENTO LÓGICO NO TRABALHO MATEMÁTICO

Materiais ou equipamentos necessários

O meio mais acessível para apresentação matemática.

Aplicação da estratégia de motivação

Este é um início leve, ou recreativo, para uma lição que irá se concentrar em refletir sobre um processo matemático antes de simplesmente correr para lidar com ele. Muitas vezes, uma situação-problema apresentada parece tão simples que mergulhamos de cabeça sem pensar antes em uma estratégia a ser usada. Este começo impetuoso costuma levar a uma solução menos elegante do que aquela que resulta de um pouco de reflexão prévia. Aqui estão dois exemplos de problemas simples que podem ser simplificados ainda mais pensando antes de trabalhar neles. Eles devem se mostrar uma porta de entrada divertida e motivacional à busca de outros exemplos onde o planejamento prévio é útil. Apresente o seguinte problema à turma:

Encontrem todos os pares de números primos cuja soma seja igual a 999.

Muitos alunos irão começar fazendo uma lista de números primos e experimentando vários pares para ver se obtêm 999 como soma. Obviamente, isso é muito tedioso, bem como demorado, e os alunos nunca têm certeza de que examinaram todos os pares de números primos.

Usando o raciocínio lógico para resolver este problema, os alunos devem perceber que, para obter uma soma ímpar para dois números (primos ou não), um dos números deve ser par e o outro, ímpar. Considerando-se que existe apenas um número par primo, ou seja, 2, pode haver apenas um par de números primos cuja soma seja igual a 999, e esse par é 2 e 997. Isso, agora, parece muito simples.

Um segundo problema onde o planejamento prévio ou um pensamento ordenado têm sentido é o seguinte:

Um palíndromo é um número que se lê igual para frente e para trás, como 747 ou 1991. Quantos palíndromos existem entre 1 e 1000, inclusive?

A abordagem tradicional a este problema seria a de tentar escrever todos os números entre 1 e 1000, e depois ver quais são palíndromos. No entanto, esta é uma tarefa complicada e demorada, na melhor das hipóteses, e podem-se facilmente omitir alguns deles.

Vejamos se conseguimos procurar um padrão para resolver o problema de uma forma mais direta.

Faixa	Número de palíndromos	Número total
1-99	9	9
10-99	9	18
100-199	10	28
200-299	10	38
300-399	10	48
.	.	.
.	.	.
.	.	.

Há um padrão. Existem exatamente 10 palíndromos em cada grupo de 100 números (após 99). Assim, haverá 9 conjuntos de 10, ou 90, mais os 18 dos números de 1 a 99, para um total de 108 palíndromos entre 1 e 1000.

Outra solução para este problema seria organizar os dados de uma forma favorável. Considere todos os números de um algarismo (autopalíndromos), que são nove. Os palíndromos de dois algarismos (dois algarismos iguais) também são nove. Os palíndromos de três algarismos têm nove algarismos "externos" possíveis e 10 possíveis "algarismos intermediários", por isso há 90 deles. No total, há 108 palíndromos entre 1 e 1000, inclusive.

A contagem inteligente muitas vezes pode tornar o trabalho muito mais fácil. O lema é: pensar primeiro, em seguida, começar uma solução!

TEMA: RACIONALIZANDO O DENOMINADOR DE UMA FRAÇÃO

Materiais ou equipamentos necessários

O meio mais acessível para apresentação matemática.

Aplicação da estratégia de motivação

Comece com o que parece ser uma atividade recreativa, pois os alunos verão que parece ser uma "pegadinha". Considere a série a seguir e peça aos alunos para encontrar a soma.

$$\frac{1}{\sqrt{1}+\sqrt{2}} + \frac{1}{\sqrt{2}+\sqrt{3}} + \frac{1}{\sqrt{3}+\sqrt{4}} + \ldots + \frac{1}{\sqrt{2009}+\sqrt{2010}} + \frac{1}{\sqrt{2010}+\sqrt{2011}}$$

Os alunos muitas vezes consideram racionalizar um denominador como apenas um exercício, sem muito propósito. Naturalmente, são oferecidas aplicações que mostram uma necessidade para esta técnica, mas, de algum modo, essas aplicações não costumam convencer os alunos da utilidade do procedimento. Existem aplicações (um pouco intensas), que ilustram o argumento de utilidade com muita eficácia, tal como a que acabamos de postular.

Os alunos são ensinados que não podem fazer muito com uma fração onde o denominador seja irracional e, por isso, devem procurar alterá-lo para uma fração equivalente com denominador racional. Para fazer isso, eles sabem multiplicar a fração por 1 para não alterar seu valor. No entanto, a forma que 1 deve tomar é uma fração com o conjugado do denominador atual no numerador e no denominador.

O termo geral dessa série pode ser escrito como $\frac{1}{\sqrt{k}+\sqrt{k+1}}$.

Para racionalizar o denominador dessa fração, multiplicá-lo por 1 na forma de $\frac{\sqrt{k}-\sqrt{k+1}}{\sqrt{k}-\sqrt{k+1}}$ para obter: $\frac{1}{\sqrt{k}+\sqrt{k+1}} \cdot \frac{\sqrt{k}-\sqrt{k+1}}{\sqrt{k}-\sqrt{k+1}} = \frac{\sqrt{k}-\sqrt{k+1}}{-1}$.

Isto é, encontramos $\frac{1}{\sqrt{k}+\sqrt{k+1}} = \sqrt{k+1} - \sqrt{k}$.

Esta enorme simplificação permitirá que os alunos reescrevam a série como:

$$(\sqrt{2} - \sqrt{1}) + (\sqrt{3} - \sqrt{2}) + \sqrt{4} - \sqrt{3}) + \ldots + (\sqrt{2009} - \sqrt{2010}) + (\sqrt{2010} - \sqrt{2011}),$$

que, então, elimina muitos dos termos por subtração e, em seguida, torna-se simplesmente:

$$\sqrt{2011} - 1 \approx 44{,}844175 - 1 = 43{,}844175.$$

Os alunos podem ver imediatamente que racionalizar o denominador não é apenas um exercício sem utilidade. É útil, e aqui temos um excelente exemplo.

TEMA: APLICAÇÕES DE ÁLGEBRA
EXPLICANDO PECULIARIDADES ARITMÉTICAS

Materiais ou equipamentos necessários

O meio mais acessível para apresentação matemática.

Aplicação da estratégia de motivação

Com o objetivo de motivar os alunos para uma aula sobre as aplicações algébricas, você pode entretê-los com a solicitação de que reduzam aos menores termos seguintes frações:

$$\frac{16}{64}, \frac{19}{95}, \frac{26}{65}, \frac{49}{98}$$

Depois de eles terem reduzido a termos mais baixos cada uma das frações na forma mais usada, pergunte por que eles simplesmente não fazem isso da seguinte forma:

$$\frac{1\cancel{6}}{\cancel{6}4} = \frac{1}{4}$$

$$\frac{1\cancel{9}}{\cancel{9}5} = \frac{1}{5}$$

$$\frac{2\cancel{6}}{\cancel{6}5} = \frac{2}{5}$$

$$\frac{4\cancel{9}}{\cancel{9}8} = \frac{4}{8} = \frac{1}{2}$$

A essa altura, os alunos devem estar um pouco espantados. Sua primeira reação é provavelmente a de perguntar se isso pode ser feito com qualquer fração composta por esse tipo de números de dois algarismos. Desafie seus alunos a encontrar outra fração (composta de números de dois algarismos) onde esse tipo de anulação funcione.

Os alunos podem citar $\frac{55}{55} = \frac{5}{5} = 1$ como ilustração deste tipo de anulação. Mostre-lhes que, embora essa situação se aplique a todos os múltiplos de 11 com resultados de dois algarismos, é trivial, e nossa preocupação será apenas com frações próprias (aquelas cujo valor é menor do que 1).

Os alunos já devem estar motivados para ver se essas são as únicas frações que permitem essa redução simples. É nesse momento que os alunos motivados se dispõem a "explicar" a situação. As quatro frações acima, na verdade, são as únicas (compostas por números de dois algarismos) onde esse tipo de anulação se aplicará.

Peça aos alunos que examinem a fração $\frac{10x+a}{10a+y}$.
As quatro anulações acima eram tais que, ao anular os as, a fração foi igual a $\frac{x}{y}$.
Portanto, $\frac{10x+a}{10a+y} = \frac{x}{y}$
Isso dá:
$$y(10x + a) = x(10a + y)$$
$$10xy + ay = 10ax + xy$$
$$9xy + ay = 10ax$$

E, portanto, $y = \frac{10ax}{9x+a}$.

Neste momento, os alunos analisam essa equação. Eles devem perceber que é necessário que x, y, e a sejam inteiros, já que eram algarismos no numerador e no denominador de uma fração. Agora, a tarefa é encontrar os valores de a e de x, para os quais y também seja inteiro.

Para evitar uma grande quantidade de manipulação algébrica, você pode deixar os alunos construírem uma tabela que gere valores de y a partir de $y = \frac{10ax}{9x+a}$. Lembre-os de que x, y, e a deve ser números inteiros de um algarismo. A Tabela 6.1 mostra uma parte daquela que eles irão construir. Observe que os casos em que $x = a$ são excluídos, uma vez que, logo se x = a, $\frac{x}{a} = 1$.

Tabela 6.1

x\a	1	2	3	4	5	6	...	9
1		$\frac{20}{11}$	$\frac{30}{12}$	$\frac{40}{13}$	$\frac{50}{14}$	$\frac{60}{15}=4$	–	$\frac{90}{18}=5$
2	$\frac{20}{19}$		$\frac{60}{21}$	$\frac{80}{22}$	$\frac{100}{23}$	$\frac{120}{24}=5$	–	–
3	$\frac{30}{28}$	$\frac{60}{29}$		$\frac{120}{31}$	$\frac{150}{32}$	$\frac{180}{33}$	–	–
4	–	–	–		–	–	–	$\frac{360}{45}=8$
⋮	–	–	–	–	–	–	–	–
9	–	–	–	–	–	–	–	–

A parte da tabela retratada anteriormente já gerou dois dos quatro valores inteiros de y, isto é, quando $x = 1$, $a = 6$, $y = 4$, e quando $x = 2$, $a = 6$, $y = 5$. Esses valores resultam nas frações $\frac{16}{64}$ e $\frac{26}{65}$, respectivamente. Os dois valores inteiros de y restantes serão obtidos quando $x = 1$ e $a = 9 =$, resultando em $y = 5$, e quando $x = 4$ e $a = 9$, resultando em $y = 8$. Estes resultam nas frações $\frac{19}{95}$ e $\frac{49}{98}$, respectivamente. Isso deve convencer os alunos de que existem apenas quatro frações desse tipo, compostas de números de dois algarismos.

TEMA: APLICAÇÕES DE PECULIARIDADES ALGÉBRICAS CONTRAINTUITIVAS

Materiais ou equipamentos necessários

Cada aluno deverá trazer 12 moedas de 1 centavo para a aula.

Aplicação da estratégia de motivação

Quando damos uma aula sobre aplicações algébricas, muitas vezes deixamos os alunos questionando a real necessidade dessas aplicações. Para se contrapor a essa atitude negativa, comece esta aula com o seguinte exemplo recreativo. Esse probleminha adorável irá mostrar aos seus alunos como um pouco de raciocínio inteligente, junto com o *conhecimento algébrico* do tipo mais elementar, ajuda a resolver um problema que parece ser "incrivelmente difícil".

Aqui está o problema, que pode ser trabalhado pelos alunos individualmente ou em grupos, o que melhor se enquadrar na aula.

> Você está sentado a uma mesa em um quarto escuro. Em cima da mesa, há 12 moedas de 1 centavo, das quais cinco estão com a cara para cima e sete, com a coroa. (Você sabe onde as moedas estão, de modo que pode mover ou virar qualquer uma delas, mas, como está escuro, não irá saber se a moeda que está tocando estava originalmente com a cara ou a coroa para cima.) Você deve separar as moedas em duas pilhas (possivelmente invertendo algumas delas), de modo que, quando as luzes forem acesas, haja um número igual de caras em cada pilha.

Sua primeira reação é: "Você deve estar brincando! Como alguém pode realizar essa tarefa sem ver quais as moedas estão com cara ou coroa para cima?". É aí que o uso inteligente (mas incrivelmente simples) da álgebra será a chave para a solução.

Depois de os alunos terem tido tempo suficiente para ficar um pouco frustrados, o professor pode coordenar a discussão por meio de questionamento direcionado. Peça para começarem separando as moedas em duas pilhas, de cinco e sete moedas cada. Depois, vire as moedas na pilha menor. Agora, ambas as pilhas terão o mesmo número de coroas! Isso representa todas as coroas! Seus alunos irão pensar que é mágica. Como aconteceu? Bom, é aqui que a álgebra ajuda na compreensão do que realmente foi feito.

Quando se separam as moedas no quarto escuro, c caras irão acabar na pilha de sete moedas. Em seguida, a outra pilha, a de cinco moedas, terá $5 - c$ caras. Para obter o número de coroas na pilha de cinco moedas, subtrai-se o número de caras $(5 - c)$ do número total de moedas na pilha, 5, para obter: $5 - (5 - c) = c$ coroas (ver Tabela 6.2).

Tabela 6.2

Pilha de cinco moedas	Pilha de sete moedas
$5 - c$ caras	c caras
$5 - (5 - c)$ coroas = c coroas	

Quando você virar todas as moedas na pilha menor (a pilha de cinco moedas), as $(5 - c)$ caras se tornam coroas e as c coroas se tornam caras. Agora, cada pilha contém c caras! (Ver Tabela 6.3.)

Tabela 6.3

As pilhas depois de viradas as moedas na pilha menor	
Pilha de cinco moedas	Pilha de sete moedas
$5 - c$ coroas	c caras
c caras	

Este resultado absolutamente surpreendente irá lhes mostrar como a mais simples álgebra pode explicar um exercício de raciocínio muito complicado e, espera-se, motivar os alunos a valorizar mais as aplicações algébricas.

TEMA: INTRODUÇÃO ÀS REGRAS DE DIVISIBILIDADE, PRINCIPALMENTE A DIVISIBILIDADE POR 11

Materiais ou equipamentos necessários

O meio mais acessível para apresentação matemática.

Aplicação da estratégia de motivação

A maioria das pessoas sabe que, para multiplicar por 10, só temos de colocar um zero depois do outro fator. Por exemplo, ao multiplicar 78 por 10, obtemos 780. Você pode motivar os alunos a pensar em outras multiplicações, como por 11, e fazê-las muito rapidamente. Sugerimos mostrar aos alunos o seguinte método mental de multiplicar por 11 antes de discutir a divisibilidade por 11.

Quanto mais simples for um "truque" matemático, mais atraente ele tende a ser. Aqui está uma maneira muito bacana de multiplicar por 11, que sempre cai nas graças da pessoa desavisada com fobia de matemática, porque é tão simples que é ainda mais fácil do que fazê-la em uma calculadora!

A regra é muito simples:

> Para multiplicar um número de dois algarismos por 11, basta adicionar os dois algarismos e colocar essa soma entre os dois algarismos.

Vamos tentar usar essa técnica. Suponha que você queira multiplicar 45 por 11. De acordo com a regra, some 4 e 5 e coloque seu resultado, 9, entre o 4 e 5 para obter 495.

Isso pode ser um pouco mais difícil se a soma for um número de dois algarismos. O que se faz nesse caso? Não temos mais um algarismo para colocar entre os dois algarismos originais. Então, se a soma dos dois algarismos for maior do que 9, colocam-se os algarismos da unidade entre os dois algarismos do número que está sendo multiplicado por 11 e se "transportam" os algarismos das dezenas a ser adicionadas aos algarismos das centenas do multiplicando.[1] Vamos tentar com 78 · 11.

7 + 8 = 15. Coloca-se o 5 entre o 7 e o 8 e se adiciona 1 ao 7, para se obter [7 + 1] [5] [8] ou 858.

Você pode legitimamente perguntar se a regra também vale quando 11 for multiplicado por um número de mais de dois algarismos.

Vamos direto a um número maior, como 12345, e o multipliquemos por 11.

Neste caso, começamos nas unidades de algarismos e somamos cada par de algarismos que irão para a esquerda.

1 [1 + 2] [2 + 3] [3 + 4] [4 + 5] 5 = 135795.

Se a soma de dois algarismos for maior do que 9, use o procedimento descrito antes: posicione os algarismos de unidade desta soma adequadamente e transporte os algarismos de dezenas. Faremos um desses aqui.

Multiplique 456789 por 11.

Realizamos o processo passo a passo:

4[4 + 5] [5 + 6] [6 + 7] [7 + 8] [8 + 9]9
4[4 + 5] [5 + 6] [6 + 7] [7 + 8] [17]9
4[4 + 5] [5 + 6] [6 + 7] [7 + 8 + 1] [7]9
4[4 + 5] [5 + 6] [6 + 7] [16] [7] 9
4[4 + 5] [5 + 6] [6 + 7 + 1] [6] [7]9
4[4 + 5] [5 + 6] [14] [6] [7] 9
4[4 + 5] [5 + 6 + 1] [4] [6] [7]9
4[4 + 5] [12] [4] [6] [7] 9
4[4 + 5 + 1] [2] [4] [6] [7]9
4[10] [2] [4] [6] [7] 9
[4 + 1] [0] [2] [4] [6] [7]9
[5] [0] [2] [4] [6] [7]9
5024679

Esta regra para multiplicar por 11 costuma ser tão bem recebida pelos alunos que eles não apenas ficam interessados no número 11 – e, portanto, prontos para discutir a sua regra de divisibilidade – mas, provavelmente, irão compartilhar esse conhecimento recém-adquirido com a família e os amigos.

Tente convencer seus alunos de que, nos momentos mais estranhos, pode surgir a questão de dividir um número por 11. Se você tiver uma calculadora à mão, o problema será facilmente resolvido. Mas nem sempre é assim. Além disso, há uma "regra" tão inteligente para testar a divisibilidade por 11 que vale a pena mostrá-la aos alunos, apenas pelo seu charme.

A regra é bem simples: **se a diferença das somas dos algarismos alternados for divisível por 11, então o número original também é divisível por 11.** Soa um pouco complicado, mas realmente não é. Peça para seus alunos examinarem essa regra, uma parte de cada vez. Somar os algarismos alternados significa começar em uma extremidade do número tomando o primeiro, o terceiro, o quinto, etc., algarismos e os somando. Em seguida, some os algarismos restantes (posicionados igualmente). Subtraia as duas somas e verifique sua divisibilidade por 11.

Provavelmente fica melhor se mostrado aos seus alunos por meio de um exemplo. Testemos a divisibilidade de 768614 por 11. As somas dos algarismos alternativos são: 7 + 8 + 1 = 16 e 6 + 6 + 4 = 16. A diferença dessas duas somas, 16 – 16 = 0, que é divisível por 11.[2]

Outro exemplo pode ser útil para fixar a compreensão do aluno. Para determinar se 918082 é divisível por 11, encontre as somas dos algarismos alternados: 9 + 8 + 8 = 25 e 1 + 0 + 2 = 3. Sua diferença é de 25 – 3 = 22, que é divisível por 11, assim, o número 918082 é divisível por 11.[3]

Agora é só deixar os alunos praticarem a regra. Eles irão gostar mais depois de mais prática, e irão adorar mostrar para a família e os amigos.

Isso deve levar os alunos a querer ter regras de divisibilidade para outros números – um tópico que bem vale o tempo gasto para motivar os alunos para a matemática em geral!

TEMA: APLICAÇÃO DE SOLUÇÕES ALGÉBRICAS PARA PROBLEMAS COM ALGARISMOS

Materiais ou equipamentos necessários

O meio mais acessível para apresentação matemática.

Aplicação da estratégia de motivação

Os alunos costumam ser desconfiados com relação a revisão ou prática de problemas algébricos, de modo que seria agradável começar uma aula com uma atividade recreativa que os motive a descobrir o segredo que causa espanto. Este truque é divertido, e irá mostrar como podemos analisar um resultado aparentemente desconcertante por meio de álgebra simples. Comece pedindo aos alunos para selecionar qualquer número de três algarismos sem dois algarismos semelhantes (omitindo o zero). A seguir, eles devem formar cinco outros números com esses mesmos algarismos.[4] Suponha que um aluno escolha o número 473; a lista de todos os números formados por esses algarismos é:

$$473$$
$$437$$
$$347$$
$$374$$
$$743$$
$$734$$

Podemos obter a soma desses números, 3108, mais rápido do que eles podem mesmo escrevê-los. Como isso pode ser feito tão rapidamente? Tudo que temos de fazer é obter a soma dos algarismos do número original (aqui: temos 4 + 7 + 3 = 14) e depois multiplicar 14 por 222 para chegar a 3108, que é a soma necessária. Por que 222? Examinemos algumas das muitas peculiaridades das propriedades numéricas, usando álgebra simples:

Considere o número $abc = 100a + 10b + c$, onde $a, b, c \in \{1, 2, 3, \ldots, 9\}$.

A soma dos algarismos é $a + b + c$. Agora, representamos todos os seis números desses algarismos em nossa lista:

$$100a \quad 10b \quad c$$
$$100a \quad 10c \quad b$$
$$100b \quad 10a \quad c$$
$$100b \quad 10c \quad a$$
$$100c \quad 10a \quad b$$
$$100c \quad 10b \quad a$$

O que é igual a:

$$100(2a + 2b + 2c) + 10(2a + 2b + 2c) + 1(2a + 2b + 2c)$$
$$= 200(a + b + c) + 20(a + b + c) + 2(a + b + c)$$
$$= 222(a + b + c),$$ que é 222 vezes a soma dos algarismos.

Se você realmente quer ser engenhoso e levar os alunos à resposta, pode ser interessante ter o seguinte gráfico (Tabela 6.4) em um pequeno pedaço de papel para facilitar a consulta:

Isso é tudo de que precisamos para evitar fazer a adição propriamente dita. Os alunos devem ser motivados a investigar outros problemas de algarismos como esses. Compete ao professor selecionar aplicativos motivadores para essa habilidade.

Tabela 6.4

Somas de algarismos	6	7	8	9	10	11	12	13	14	15
Somas de seis números	1332	1554	1776	1998	2220	2442	2664	2886	3108	3330
Somas de algarismos	16	17	18	19	20	21	22	23	24	
Somas de seis números	3552	3774	3996	4218	4440	4662	4884	5106	5328	

NOTAS

1. O multiplicando é o número que é multiplicado por outro número, o multiplicador. Na aritmética, o multiplicando e o multiplicador são comutáveis, dependendo de como o problema é apresentado, pois o resultado é o mesmo se eles forem trocados de lugar – por exemplo, 2 x 3 e 3 x 2. Por isso, 2 x 3 significa "somar três duas vezes", e 3 x 2 significa "somar dois três vezes", mas ambos têm 6 como produto.
2. Lembre-se de que $\dfrac{0}{11} = 0$.
3. Para o aluno interessado, aqui está uma breve discussão sobre por que essa regra funciona assim. Considere o número ab,cde, cujo valor pode ser expresso como
$N = 10^4 a + 10^3 b + 10^2 c + 10d + e = (11 - 1)^4 a + (11 - 1)^3 b + (11 - 1)^2 c + (11 - 1)d + e$
$= [11M + (-1)^4]a + [11M + (-1)^3]b + [11M + (-1)^2]c + [11 + (-1)]d + e$
$= 11M[a + b + c + d] + a - b + c - d + e$, o que implica que a divisibilidade por 11 de N dependa da divisibilidade de: $a - b + c - d + e = (a + c + e) - (b + d)$, a diferença das somas dos algarismos alternados.
Observação: $11M$ refere-se a um múltiplo de 11.
4. Se já tiver aprendido sobre permutações, você irá reconhecer que esses seis números são as *únicas* maneiras de escrever um número com três algarismos *diferentes*, razão pela qual pedimos três algarismos *distintos*!

CAPÍTULO

7 Conte uma história pertinente

Ao explorar a história da matemática, encontram-se relatos e casos que são, ao mesmo tempo, divertidos e interessantes e, consequentemente, valem a pena ser contados novamente. Isso é muito atrativo, porque alguns são verdadeiramente originais e engraçados, enquanto outros mostram o pensamento incomum de matemáticos famosos e como eles abordaram e resolveram problemas, apesar de suas personalidades incomuns, e muitas vezes, dos meios muito elementares que usaram.

Por intermédio dessas histórias, as equações, as fórmulas e os símbolos matemáticos assumem um significado diferente do simplesmente visual. Consequentemente, os alunos têm outra forma de se lembrar desses conceitos. Isso também incentiva os alunos a enxergar as maneiras às vezes lentas e deliberadas com que os conceitos foram desenvolvidos ao longo dos anos, e não como um resultado instantâneo em papel ou quadro-negro, como costumam ser apresentados na escola. Em alguns casos, os matemáticos envolvem outras pessoas e trabalham as suas vidas inteiras para chegar a uma solução ou para entender corretamente um conceito matemático.

Para isso, é preciso acrescentar que a maioria das pessoas – e, em particular, as crianças – adora uma boa história. Quem não se lembra de ter ouvido uma história e se sentir curioso para ver como ela se desdobra e ansioso para saber a conclusão? A fim de gerar essa reação emocional no ouvinte, naturalmente é necessário ser um contador de histórias talentoso, que planeja antecipadamente o que gostaria de obter ao contá-las. Este é o papel do professor, que deve garantir a precisão da história, reunir os elementos adequados e levar em conta a idade e os interesses dos alunos como público. É claro que o momento escolhido para contar a história deve ser apropriado, já que sua intenção é proporcionar motivação para a aula que virá a seguir.

É importante ressaltar que só um professor que esteja confortável com o tema de uma história, planeje pausas adequadas e a conte com entusiasmo fará dessa história uma ferramenta pedagógica eficaz. Uma história mal contada poderia, na verdade, ter um resultado negativo, o oposto ao que se pretende. Outra preocupação ao se contar a história é evitar correr com ela, apenas para chegar à conclusão que prepara o tópico matemático do dia. Contar histórias dessa maneira rápida e superficial não só pode ser contraproducente, mas também uma pura perda de tempo. Talvez uma maneira de avaliar se uma história é bem contada seja compará-la a uma piada bem contada, em que o momento, o ritmo e o tom contribuem, todos, para o seu êxito.

A idade dos alunos também é uma consideração importante ao se escolher e contar uma história. Alunos de 11 e 12 anos ainda são entretidos com um estilo emocional de narrar histórias, enquanto os alunos mais velhos às vezes acham bobagem e, portanto, distraem-se do conteúdo da história. Para alunos mais velhos, uma história mais orientada ao conteúdo será mais envolvente, ainda que o professor deva ter cuidado para evitar torná-la chata ou muito árida.

Um professor que consiga escolher a história certa, no momento certo, apresentada no tom certo e com duração adequada, terá uma excelente oportunidade para despertar o interesse dos alunos na preparação para a aula que se seguirá.

Por mais que contar uma boa história pareça ser muito simples, pode ser difícil escolher uma história apropriada, com boa preparação e com autorreflexão sobre a capacidade do contador de contá-la bem. Se não, apesar de adequação da história para a aula a que se destina, pode ser melhor escolher outra estratégia.

Este capítulo apresenta algumas narrativas da história da matemática e outras experiências relacionadas que podem ser usadas como dispositivo motivacional para uma experiência efetiva de ensino.

Há muitos casos interessantes sobre figuras históricas e episódios da história da matemática. Há também muitas fontes nas quais os professores podem obter histórias apropriadas, como *Mathematical Circles*[1] (HOWARD, 2003) ou *Men of Mathematics*[2] (BELL, 1986).[*]

TEMA: APRESENTAÇÃO DAS REGRAS DE DIVISIBILIDADE

Materiais ou equipamentos necessários

O equipamento mais acessível na sala de aula de matemática.

Aplicação da estratégia de motivação

Comece a aula com a seguinte "história": diga à turma que você estava em um restaurante com duas outras pessoas um dia desses e, quando chegou a hora de pagar a conta, você quis acrescentar uma gorjeta e ter certeza de que o valor total seria ser divisível por três. Seus amigos queriam experimentar números diferentes e usar uma calculadora para verificar se a soma seria divisível por três. Você disse ao grupo que sabia como determinar isso, basta olhar para o número e fazer um cálculo instantâneo. A turma, então, ficará curiosa e motivada para determinar como isso pode ser feito. É nesse momento que você introduz a noção de que a soma só será divisível por três se a soma dos algarismos também for divisível por três. Assim, se a soma era 74,33, a conta não pode ser dividida exatamente por três, já que 7 + 4 + 3 + 3 = 17, que não é divisível por 3, ao passo que, se for 74,34, a conta pode ser dividida por 3 com precisão, porque a soma dos algarismos é 18, que é divisível por 3. Uma vez que isso tenha sido estabelecido, a turma também deve considerar a regra de divisibilidade por 9, já que a prova da divisibilidade por 9 irá abranger a regra da divisibilidade por 3.

---

[*] N. de R.T.: Algumas indicações em português são: EVES, H. W. *Introdução à história da matemática*. Campinas: Unicamp, 2004; BERLINGHOFF, W. P.; GOUVÊA, F. Q. *A matemática através dos tempos*: um guia fácil e prático para professores e entusiastas. São Paulo: Blucher, 2010; VALLADARES, R. J. C. *O jeito matemático de pensar*. 2. ed. Rio de Janeiro: Ciência Moderna, 2012.

TEMA: INTRODUÇÃO AO VALOR DE π

Materiais ou equipamentos necessários

Recursos visuais preparados mostrando as letras hebraicas, como descrito a seguir, um pedaço de barbante e uma régua, bem como algum objeto circular para cada aluno.

Aplicação da estratégia de motivação

Para apreciar essa revelação de π, você precisa saber que muitos livros sobre a história da matemática declaram que, em sua manifestação mais precoce da história, ou seja, a Bíblia (o Antigo Testamento), o valor de π era dado como 3. No entanto, um recente "trabalho de detetive" mostra algo diferente.[3]

Contar esta história de uma forma motivadora irá gerar muito mais interesse no valor de π do que se o conceito fosse apresentado tradicionalmente. Os alunos sempre saboreiam a noção de que um código oculto pode revelar segredos há muito perdidos. É o caso da interpretação comum do valor de π na Bíblia. Há dois lugares na Bíblia em que a mesma frase aparece, idêntica em todos os sentidos, exceto por uma palavra, escrita de forma diferente nas duas citações. A descrição de uma piscina ou fonte no templo do rei Salomão é mencionada nas passagens que podem ser encontradas em Reis 1, 7:23 e Crônicas 2, 4:2, e como segue:

> Fez também o mar de fundição, redondo, de dez côvados de uma borda até à outra borda, e de cinco côvados de altura; e uma *linha* de trinta côvados era a medida de sua circunferência.

A estrutura circular descrita aqui teria uma circunferência de 30 côvados e um diâmetro de 10 côvados. (Um côvado é o comprimento da ponta do dedo de uma pessoa até seu cotovelo.) A partir disso, observa-se que a Bíblia traz $\pi = \frac{30}{10} = 3$.

Esta é, obviamente, uma aproximação muito primitiva de π. Um rabino do final do século XVIII, Elias de Vilna (Polônia), um dos grandes estudiosos modernos da Bíblia, que recebeu o título de "*Gaon* de Vilna" (que significa "o brilhantismo de Vilna"), veio com uma descoberta notável, que poderia tornar a maioria dos livros de história da matemática equivocada se dissesse que a Bíblia aproximava o valor de π de 3. Elias de Vilna notou que a palavra hebraica para "medida de linha" estava escrita de forma diferente em cada uma das duas passagens bíblicas mencionadas acima.

Em Reis 1, 7:23, ela estava escrita como קוה, enquanto em Crônicas 2, 4:2, como קו. Elias aplicou a técnica de análise bíblica (usada ainda hoje) chamada gematria, em que as letras hebraicas recebem seus valores numéricos apropriados de acordo com sua sequência no alfabeto hebraico, as duas grafias da palavra para "medida de linha" e encontrou o que segue.

Os valores das letras são: ק = 100, ו = 6, e ה = 5. Portanto, a ortografia de "medida de linha" em Reis 1, 7:23 é קוה = 5 + 6 + 100 = 111, ao passo que, em Crônicas 2, 4:2, a ortografia é קו = 6 + 100 = 106. A seguir, ele calculou a razão entre esses dois valores: $\frac{111}{106} = 1{,}0472$ (até quatro posições decimais), que considerava o fator de correção necessário, pois, quando é multiplicado por 3, que se pensa ser o valor declarado de π na Bíblia, obtém-se 3,1416, que é π correto para quatro posições decimais! "Incrível!" é a reação que costuma acontecer. Essa precisão é bastante surpreendente para os tempos antigos.[4] Para dar sustentação a essa noção, peça aos alunos que peguem um barbante para medir a circunferência e o diâmetro de vários objetos circulares e encontrar o seu quociente. O mais provável é que eles nem cheguem perto dessa precisão de quatro posições. Além disso, para realmente ilustrar o argumento sobre o alto grau de precisão de quatro posições decimais, é provável que, se você partir da média das medições de π de todos os alunos, ainda não terá quatro posições de precisão.

TEMA: INTRODUÇÃO A NÚMEROS PRIMOS

Materiais ou equipamentos necessários

O equipamento presente na sala de aula de matemática.

Aplicação da estratégia de motivação

Comece a aula com a história de como há alguns problemas colocados em matemática para os quais nenhuma solução jamais foi encontrada. Às vezes, o problema é indicado como uma suposição, ou conjetura, sem provas, e, portanto, não pode ser aceito como *sempre verdadeiro*. Um caso desses trata de Christian Goldbach (1690-1764), matemático alemão que, em uma carta de 7 de junho de 1742 a Leonhard Euler (1707-1783), fez a seguinte declaração, que até hoje ainda não foi confirmada. A *Conjetura de Goldbach* é a seguinte:

> Cada número par maior do que 2 pode ser expresso como a soma de dois números primos.

Você pode pedir aos alunos que comecem com a seguinte lista de números pares e sua soma de números primos, e depois a continuem para se convencer de que ela segue, aparentemente, de forma indefinida (ver Tabela 7.1).

Tabela 7.1

Números pares maiores do que 2	Soma de dois números primos
4	2 + 2
6	3 + 3
8	3 + 5
10	3 + 7
12	5 + 7
14	7 + 7
16	5 + 11
18	7 + 11
20	7 + 13
...	...
48	19 + 29
...	...
100	3 + 97

Mais uma vez, houve tentativas substanciais, por parte de matemáticos famosos, de provar a conjectura. Em 1855, A. Desboves confirmou a Conjetura de Goldbach para até 10000 posições. No entanto, em 1894, o famoso matemático alemão Georg Cantor (1845-1918) (regredindo um pouco) mostrou que a conjetura era verdadeira para todos os números pares até 1000, o que N. Pipping, em 1940, mostrou ser verdade para todos os números pares até 100000. Em 1964, com o auxílio de um computador, foi ampliado para 33 milhões, em 1965, para 100 milhões, e em seguida, em 1980, para 200 milhões. Então, em 1998, o matemático alemão Jörg Richstein mostrou que a conjetura de Goldbach era verdadeira para todos os números pares até 400 trilhões. Em 16 de fevereiro de 2008, Oliveira e Silva ampliou-a a 1,1 quintilhão (1,1 × 1018 = 1.100.000.000.000.000.000)! Já se ofereceu um prêmio de 1 milhão de dólares por uma prova desta conjetura – o que, até o momento, ninguém afirmou ter conseguido.

TEMA: ENCONTRANDO A SOMA DE UMA SÉRIE ARITMÉTICA

Materiais ou equipamentos necessários

Seria interessante mostrar uma fotografia de Carl Friedrich Gauss (1777-1855), que está disponível em vários *sites*.

Aplicação da estratégia de motivação

Enquanto era aluno no ensino fundamental, no século XVIII, o jovem Carl Friedrich Gauss (1777-1855), que mais tarde se tornou um dos maiores matemáticos da história, teve como professor o Sr. Buettner, que, um dia, queria manter sua turma de alunos ocupada. Para isso, simplesmente pediu à turma para usar suas lousas e encontrar a soma dos 100 primeiros números naturais. Os alunos fizeram o que lhes foi pedido. Ou seja, começaram a somar os números 1 + 2 + 3 + 4 + 5 + 6 +..., até chegar a 100. Um aluno não fez o trabalho dessa maneira e terminou imediatamente. Era o pequeno Carl Gauss. Ele decidiu abordar o problema de uma forma diferente. Em vez de somar os números na ordem correta:

1 + 2 + 3 + 4 + 5 + 6 +... + 98 + 99 + 100, ele decidiu somar os números em pares:

    1 + 100 = 101
    2 + 99 = 101
    3 + 98 = 101
    4 + 97 = 101, e assim por diante, até chegar a
    48 + 53 = 101
    49 + 52 = 101
    50 + 51 = 101

É claro que ele não escreveu tudo isso, tendo percebido que cada par tinha uma soma de 101, e que havia 50 pares desses. Portanto, ele simplesmente multiplicou 50 × 101 = 5050, para obter a soma dos números que o Sr. Buettner solicitara. Ele foi o único aluno da turma a chegar à resposta certa.

A arte de motivar os estudantes do ensino médio para a matemática **91**

Ao usar esta história como porta de entrada para a aula sobre como encontrar a soma de uma série aritmética, alguns professores tendem a recorrer ao típico método de livro didático para desenvolver a fórmula e encontrar essa soma, frustrando, assim, o aspecto motivacional positivo desta deliciosa historinha – a qual Gauss tinha orgulho de repetir em sua idade avançada.

Ao usar esta história motivacional com o objetivo de desenvolver uma fórmula para a soma de uma série aritmética, pode-se começar por apresentar a série em termos gerais como:

$$a + (a + d) + (a + 2d) + (a + 3d) + \ldots + (a + (n-3)d) + (a + (n-2)d) + (a + (n-1)d)$$

Ao somar o primeiro e os últimos termos e, em seguida, o segundo e penúltimo termos, e assim por diante, obtém-se:

$$a + (a + (n-1)d) = 2a + (n-1)d$$
$$(a + d) + (a + (n-2)d) = 2a + (n-1)d$$
$$(a + 2d) + (a + (n-3)d) = 2a + (n-1)d$$

Fica claro que existe um padrão se desenvolvendo – cada par gera a mesma soma. Este é o mesmo padrão a que Gauss chegou quando adicionou os números em pares (como mostrado anteriormente). Quando buscamos a soma de n números nesta série aritmética começando com o primeiro número a e com uma diferença comum entre os termos de d, temos que somar $\frac{n}{2}$ pares. Por conseguinte, a soma da série é: $\frac{n}{2}(2a + (n-1)d)$.[5]

Neste caso, ressaltamos que, se alguém usa uma história para motivar uma aula, a essência da história não deve ser perdida pelo uso de outra técnica visando desenvolver o conceito a ser ensinado. Isso, infelizmente, acontece se o professor contar a história e depois voltar ao livro – se for diferente do usado aqui – para obter a fórmula da soma de uma série aritmética.

TEMA: INTRODUÇÃO AO TEOREMA DE PITÁGORAS

Materiais ou equipamentos necessários

Qualquer meio que possa apresentar o diagrama mostrado na Figura 7.1. Um quadro-negro seria suficiente, mas um projetor multimídia seria melhor.

Aplicação da estratégia de motivação

Você pode começar esta aula sobre o Teorema de Pitágoras perguntando aos alunos o que Pitágoras, Euclides e o presidente dos Estados Unidos, James A. Garfield, têm em comum. A resposta é que cada um deles provou o Teorema de Pitágoras de uma maneira diferente. Observe que dois dos mais famosos presidentes dos Estados Unidos gostavam de matemática. Washington era adepto de agrimensura e falou favoravelmente sobre a matemática, e se sabe que Lincoln levava uma cópia de *Os Elementos*, de Euclides, em seu alforje, quando ainda era advogado.

Você pode agora contar a história da prova de Garfield e depois mostrá-la. Garfield descobriu a prova cerca de cinco anos antes de se tornar presidente. A essa

FIGURA 7.1

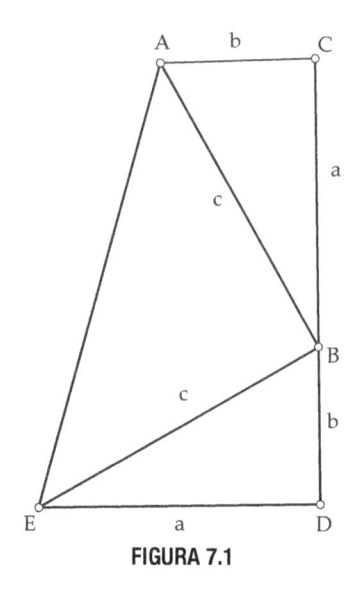

época, 1876, ele era membro do Congresso e teve a ideia durante uma conversa sobre matemática com outros parlamentares. A prova foi posteriormente publicada no *New England Journal of Education*. Depois dessa história, com outros enfeites que o professor deseje usar aqui, a prova de Garfield pode ser apresentada.

Para começar a prova do presidente James A. Garfield, consideramos o triângulo retângulo $\triangle ABC$ com $m\angle C = 90°$; $AC = b$, $BC = a$, e $AB = c$. Precisamos mostrar que $a^2 + b^2 = c^2$.

Selecione D em $\overline{BC}$ estendido do ponto B ao ponto D, de modo que $BD = AC$ e tenhamos o segmento de reta CE. Construa $\overline{DE} \perp \overline{CD}$ para que $DE = BC$. Podemos demonstrar que o quadrilátero $ACDE$ é um trapézio. Também porque os triângulos são congruentes, a área, $\triangle ABC$ = área $\triangle BED$, e $AB = BE$.

A área trapezoidal $ACDE = \frac{1}{2} CD\,(AC + DE) = \frac{1}{2}(a + b) \cdot (a + b) = \frac{1}{2}(a + b)^2$. Como $m\angle ABC + m\angle EBD = 90°$, $m\angle ABE = 90°$.

A área $\triangle ABE = \frac{1}{2}\,AB \cdot BE = \frac{1}{2}\,c^2$. Além disso, a área $\triangle ABC = \frac{1}{2}\,AC \cdot BC = \frac{1}{2}\,ab$.

No entanto, a área trapezoidal $ACDE$ = Área $\triangle ABE$ + 2Area $\triangle ABC$. Substituindo, obtemos

$$\tfrac{1}{2}(a+b)^2 = \tfrac{1}{2}\,c^2 + 2\left(\tfrac{1}{2}ab\right)$$
$$(a+b)^2 = c^2 + 2ab$$

e segue-se que $a^2 + b^2 = c^2$.

TEMA: INTRODUÇÃO AO BARICENTRO DE UM TRIÂNGULO

Materiais ou equipamentos necessários

Um mapa dos 48 estados contíguos dos Estados Unidos, recortado e colado em papelão.

Aplicação da estratégia de motivação

A preocupação aqui é motivar os alunos para a aula sobre o baricentro de um triângulo, que é o ponto de intersecção das três medianas desse triângulo. Você pode começar lhes contando a história de como vários países europeus tiveram concursos para determinar o ponto que pode ser considerado o centro de seu país. Um desses países é a Áustria, que, em 1949, teve esse tipo de competição, e a vencedora foi a pequena cidade turística de Bad Aussee. Eles simplesmente disseram que se você recortar um mapa de seu país e montá-lo em um pedaço de papelão – também recortado ao longo de suas bordas – o ponto de equilíbrio do mapa será a cidade que você procura.

O centro exato dos 48 estados contíguos dos Estados Unidos também pode ser determinado colocando-se um mapa de papelão sobre um ponto para equilibrá-lo. O ponto em que o mapa estaria perfeitamente equilibrado é latitude 39 graus 50'N, longitude 98 graus 35'W, que fica perto da cidade de Lebanon, no condado de Smith, Kansas (ver Figura 7.2).

Para os alunos, a questão, então, é como se encontra o centro de gravidade, ou baricentro, de um triângulo. Isso conduzirá a uma discussão (e, talvez, uma prova) de que as três medianas de um triângulo se encontram em um ponto, o centro de gravidade do triângulo. É claro que, uma vez localizado pela construção, o baricentro será o ponto de equilíbrio de um triângulo recortado em papelão.

Encontrar o centro de gravidade de um quadrilátero é muito mais complicado e, de forma nenhuma, tão claro quanto como encontrar o baricentro de um triângulo. Esta é simplesmente a combinação de encontrar o baricentro de vários triângulos no quadrilátero e, em seguida, "combinar", esses pontos. Embora não seja bonito de se olhar, vamos mostrar como é feito para que você possa ver a ligação entre o quadrilátero e o triângulo.

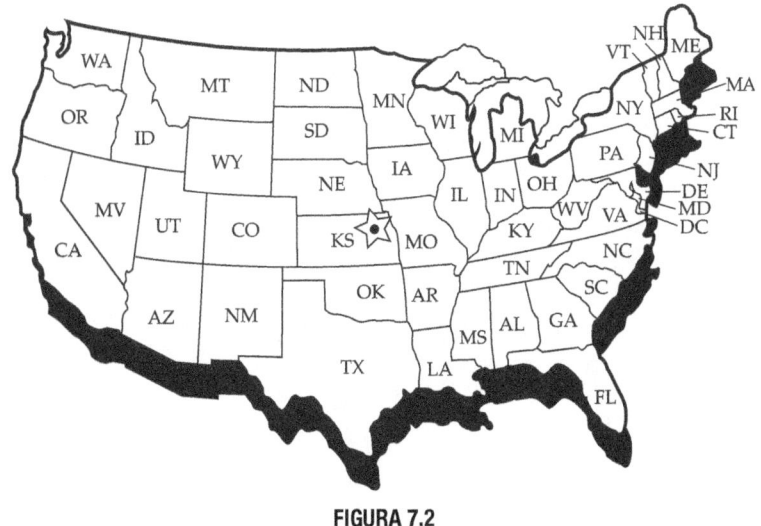

FIGURA 7.2
(©Nova Development)

Esse ponto pode ser encontrado da seguinte forma. Sejam L e N os baricentros de $\triangle ABC$ e $\triangle ADC$, respectivamente (ver Figura 7.3). Sejam K e M os baricentros de $\triangle ABD$ e $\triangle BCD$, respectivamente. O ponto de intersecção, G, de $\overline{LN}$ e $\overline{KM}$, é o baricentro do quadrilátero $ABCD$.

Se conseguir ir além da complexidade do diagrama, você verá que simplesmente localizamos o baricentro dos quatro triângulos e depois descobrimos a intersecção dos dois segmentos de reta que os unem. A seguir, produzimos o análogo do baricentro do triângulo, ou o centro de gravidade – o ponto em que se pode equilibrar um quadrilátero de papelão. O baricentro de um retângulo é muito mais simples de encontrar. Está onde você esperaria que estivesse: no ponto de intersecção das diagonais. Essa história e algumas outras devem motivar os alunos para a aula sobre a simultaneidade das medianas de um triângulo.

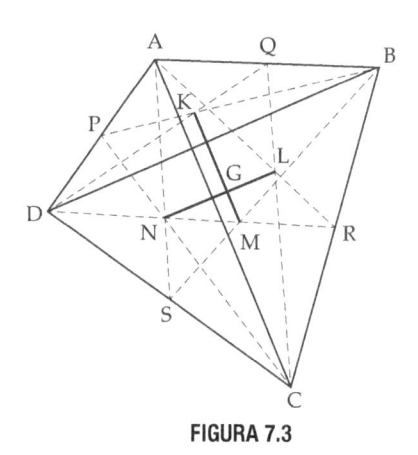

FIGURA 7.3

TEMA: APRESENTAÇÃO DA LEI DOS SENOS

Materiais ou equipamentos necessários

Uma folha, como descrito a seguir.

Aplicação da estratégia de motivação

Suponha que você esteja preparando uma aula sobre a apresentação da lei dos senos. Você gostaria de desenvolver ou derivar a lei, e quer ter tempo suficiente para aplicá--la a exemplos "práticos" bem como fazer os exercícios orais que normalmente vêm depois dessa apresentação. Assim, você pode começar contando a história de um estudante inteligente que, ao fazer experimentos com a função seno em um triângulo (mostrado na Figura 7.4) de altura h, tropeçou em uma relação trigonométrica muito profunda. O professor pode agora guiar a turma pelo mesmo caminho que esse aluno inteligente encontrou. O resultado é profundo e o caminho é quase trivial!

Dê aos alunos uma folha com o triângulo escaleno ABC e altura h (Figura 7.4), como segue:

A arte de motivar os estudantes do ensino médio para a matemática   **95**

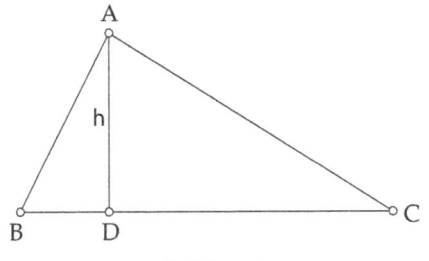

FIGURA 7.4

$$\operatorname{sen}\angle ABC = \frac{\ }{\ }$$
$$\operatorname{sen}\angle ACB = \frac{\ }{\ }$$
$$\frac{\operatorname{sen}\angle ABC}{\operatorname{sen}\angle ABC} = \frac{\ }{AB}$$

Portanto,

$$\frac{\ }{\operatorname{sen}\angle ABC} = \frac{\ }{\operatorname{sen}\angle ABC'}$$

Isso irá permitir que os alunos sigam o caminho do "aluno inteligente" para derivar a lei dos senos.

Seguem-se as respostas esperadas dos alunos.

$$\operatorname{sen}\angle ABC = \frac{h}{AB}$$

$$\operatorname{sen}\angle ACB = \frac{h}{AC}$$

$$\frac{\operatorname{sen}\angle ABC}{\operatorname{sen}\angle ACB} = \frac{\frac{h}{AB}}{\frac{h}{AC}} = \frac{AC}{AB}$$

Por isso,

$$\frac{AC}{\operatorname{sen}\angle ABC} = \frac{AB}{\operatorname{sen}\angle ACB'}$$

que é a lei dos senos, e pode simplesmente ser estendida ao terceiro ângulo do triângulo ABC (Figura 7.4). Esta prova muito concisa dará ao professor tempo suficiente para uma aula completa sobre um assunto que poderia exigir mais do que uma aula para ser apresentado.

TEMA: VOLUME E ÁREA DE SUPERFÍCIE DE UMA ESFERA

Materiais ou equipamentos necessários

Qualquer meio que possa apresentar o diagrama mostrado nas figuras, de preferência um projetor multimídia.

Aplicação da estratégia de motivação

Uma vez que os alunos tenham aprendido sobre o volume e a área de superfície do cilindro no ensino médio, esta motivação pode ser usada para que se interessem em descobrir as fórmulas da área de superfície e do volume de uma esfera. Eles podem usar essas fórmulas para provar a descoberta de Arquimedes.

Arquimedes é considerado um dos maiores matemáticos de todos os tempos. Ele viveu na Grécia antiga. Embora seja responsável por um grande número de fórmulas e descobertas matemáticas, ele considerou a esfera inscrita no cilindro como o seu maior triunfo.

Conta-se que Arquimedes estava trabalhando em um diagrama que ele desenhara na areia com um graveto. Estava tão absorto em seu trabalho que, quando um soldado romano lhe disse para ir para casa, ele o ignorou completamente. Depois de várias advertências, o soldado esfaqueou Arquimedes até a morte. Ele tinha acabado de descobrir que a esfera inscrita em um cilindro tem um volume de $\frac{2}{3}$ do cilindro, e a área da superfície da esfera também é $\frac{2}{3}$ do cilindro. Ele considerou esse trabalho tão importante e tão grandioso que o desenho mostrado na Figura 7.5 está inscrito em sua lápide.

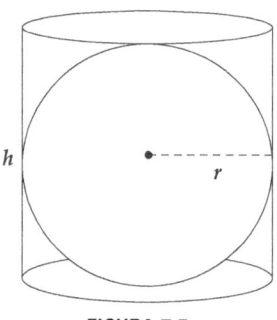

FIGURA 7.5

A turma deve achar interessante o desenho. Arquimedes estava correto? Os alunos já conhecem a fórmula para volume e área de superfície do cilindro, o que deve levar a uma aula sobre volume e área de superfície da esfera.

Depois de lhes serem mostradas (ou de eles desenvolverem) as fórmulas para volume e área da superfície da esfera, os alunos podem analisar a prova do Teorema de Arquimedes aqui como se segue:

Área de Superfície (A_e)

A fórmula para a área da superfície do cilindro é obtida pela fórmula
$$A_e = 2\pi r^2 + 2\pi rh,$$
enquanto a área de superfície da esfera é obtida pela fórmula
$$A_e = 4\pi r^2$$

Como h é igual a $2r$, podemos reescrever a fórmula para o cilindro
$$A_e = 2\pi r^2 + 2\pi r \cdot 2r$$
$$2\pi r^3 + 4\pi r^2 = 6\pi r^2$$
Portanto, a área da superfície da esfera é $\frac{2}{3}$ da área do cilindro.

Volume

A fórmula do volume do cilindro é dada pela fórmula
$$V = \pi r^2 h$$
A fórmula do volume da esfera é
$$V = \tfrac{4}{3}\pi r^3$$
Uma vez que, mais uma vez, $h = 2r$, o volume do cilindro é
$$V = \pi r^2 \, 2r = 2\pi r^3$$

Como o volume da esfera é $\frac{4}{3}\pi r^3$, termos que o volume da esfera é $\frac{2}{3}$ do volume do cilindro.

TEMA: DESCOBRINDO UMA FUNÇÃO QUE PRODUZ NÚMEROS PRIMOS

Materiais ou equipamentos necessários

Um quadro ou projetor multimídia.

Aplicação da estratégia de motivação

O estudo de números primos e números compostos ocorre durante o final do ensino fundamental e no médio. Esse motivador pode ser usado para gerar uma discussão sobre números primos, funções e como descobrir esses números primos.

Informe a turma de que muitos matemáticos, ao longo do tempo, têm procurado uma lei de função que produzisse apenas números primos, isto é, uma forma automática para gerar algebricamente esses números. Isso é conhecido como uma "função que produz números primos". Embora nenhuma tenha sido encontrada, você (como seu professor) irá agora afirmar ter finalmente descoberto! Você será famoso! Mostre-lhes a regra:

$$P = m^2 - m + 41, \text{ para valores positivos de } m.$$

Mostre como a sua regra produz apenas números primos:

Para $m = 0$, $P = 41$, que é um número primo.
$m = 1$, $P = 41$, que é um número primo.
$m = 2$, $P = 43$, que é um número primo.
$m = 3$, $P = 47$, que é um número primo.
$m = 4$, $P = 53$, que é um número primo.
e assim por diante.

Peça-lhes para testar a regra e ter certeza de que ela produz apenas números primos.

A maioria de seus alunos irá rir e perguntar por que nunca foi descoberta antes. Aja com espanto e diga-lhes para continuar experimentando valores de m. Os alunos devem continuar substituindo m por valores. Depois de alguns minutos, eles provavelmente irão chegar a um resultado bastante intrigante.

A lei de função irá produzir números primos apenas para valores de m entre 1 e 40. No entanto, no caso de $m = 41$, a função dá $(41)^2 - 41 + 41$, resultando em $(41)^2$, o que não é, obviamente, um primo. Assim, a suposta "função que produz números primos" deu um composto e, portanto, não é o que se esperava inicialmente. Neste momento, você pode mencionar como esse raciocínio indutivo desmorona sem uma prova adequada, deixando-nos ainda sem a desejada função que produz números primos.

NOTAS

1. EVES, H. W. *Mathematical circles*. Washington: Mathematical Association of America, 2003.
2. BELL, E. T. *Men of mathematics*. New York: Simon & Schuster, 1986.
3. POSAMENTIER, A. S.; GORDON, N. An astounding revelation on the history of π. *Mathematics Teacher*, v. 77, n. 1, p. 52, Jan. 1984.
4. Para ler mais sobre π, consulte POSAMENTIER, A. S.; LEHMANN, I. π: *a biography of the world's most mysterious number*. Amherst: Prometheus Books, 2004.
5. Esta fórmula costuma ser encontrada como $S = \frac{n}{2}(a + l)$, onde $l = a + (n - 1)d$.

CAPÍTULO 8

Envolva os alunos ativamente na justificativa de curiosidades matemáticas

Em capítulos anteriores, mostramos como a geração de curiosidade em um aluno pode produzir motivação eficaz para a futura aprendizagem. Destacamos alguns elementos lúdicos contidos em enigmas matemáticos ou no raciocínio lógico. Neste capítulo, usaremos curiosidades matemáticas para gerar interesse em um determinado assunto. Existem muitos truques com números circulando na internet, que provocam o receptor com a pergunta: por que isso acontece? Esse tipo de curiosidade muitas vezes pode ser explicado com álgebra simples, e mesmo assim, pode servir como um bom motivador quando apresentado corretamente.

Essas curiosidades podem ser encontradas em vários livros na área de recreações matemáticas. Elas devem ser escolhidas para evocar um interesse no tema da aula que se seguirá e ainda ser adequadas à faixa etária e aos interesses do público-alvo. Deve-se tomar cuidado para que essas curiosidades, que irão gerar interesse por si sós, não dominem a aula; em vez disso, a justificativa ou explicação da curiosidade deve tomar o lugar central apenas brevemente, ao se introduzir o tema do dia.

TEMA: INTRODUÇÃO À PROBABILIDADE

Materiais ou equipamentos necessários

Para realizar essa atividade motivacional, você irá precisar de uma turma de, pelo menos, 30 alunos. Melhor ainda seria fazer a atividade em uma escola onde haja 10 turmas de cerca de 30 alunos cada. Se isso não for possível, então, reúna 10 listas de 30 pessoas cada, junto com suas datas de nascimento (excluindo o ano).

Aplicação da estratégia de motivação

Comece perguntando aos alunos quais eles acham que seriam as chances (ou probabilidades) de haver dois colegas com a mesma data de nascimento (apenas dia e mês) em sua turma de cerca de 30 alunos ou mais. Os alunos geralmente começam a pensar sobre a possibilidade de duas pessoas terem a mesma data, em uma seleção de 365 dias (pressupondo-se que não haja ano bissexto). Talvez 2 em 365? Peça-lhes para considerar o grupo selecionado "aleatoriamente" dos primeiros 30 presidentes dos Estados Unidos. Esta pode ser uma das listas de 30 pessoas (com datas de nascimento) que você preparou antes da aula. Talvez eles fiquem impressionados com o fato de que dois tenham a mesma data de nascimento: James K. Polk (2 de novembro de 1795) e Warren G. Harding (2 de novembro de 1865). A turma provavelmente ficará surpresa ao saber que, para um grupo de 30, a probabilidade de que dois membros tenham a mesma data de nascimento é maior do que 0,7. Os alunos podem querer fazer sua própria experiência, visitando 10 salas de aula próximas para verificar aniversários em comum. Para grupos de 30, a probabilidade é que haja datas de nascimento em comum em sete dessas 10 salas. Como é que se desenvolve essa probabilidade incrível e contraintuitiva? Isso será altamente motivador para a turma, com vistas a aprofundar essa aula sobre probabilidade. Para guiar os estudantes na justificativa dessas probabilidades curiosas e inesperadas, considere o seguinte:

Qual é a probabilidade de que um aluno tenha sua própria data de aniversário? É claro que é toda, ou 1.

Isto pode ser escrito como $\frac{365}{365}$.

A probabilidade de que outro aluno *não* tenha a mesma data do primeiro é de $\frac{365-1}{365} = \frac{364}{365}$.

A probabilidade de que outro aluno *não* coincida com os primeiro e o segundo alunos é de $\frac{365-2}{365} = \frac{363}{365}$.

A probabilidade de que todos os 30 estudantes *não* tenham a mesma data de nascimento é o produto dessas probabilidades:

$$p = \frac{365}{365} \cdot \frac{365-1}{365} \cdot \frac{365-2}{365} \cdot \ldots \cdot \frac{365-29}{365}.$$

Como a probabilidade (q) de que dois alunos do grupo **tenham** a mesma data de nascimento e a probabilidade (p) de que dois alunos do grupo **não tenham** a mesma data de nascimento é uma certeza, a soma dessas probabilidades deve ser 1. Assim, $p + q = 1$.

Nesse caso, $q = 1 - \frac{365}{365} \cdot \frac{365-1}{365} \cdot \frac{365-2}{365} \cdot \ldots \cdot \frac{365-28}{365} \cdot \frac{365-29}{365} \approx 0{,}7063162427192686$. Em outras palavras, a probabilidade de que haja uma correspondência de data de nascimento em um grupo de 30 pessoas selecionado aleatoriamente é um pouco maior do que $\frac{7}{10}$. Isso é completamente inesperado quando se considera que havia 365 datas para escolher. Os alunos podem querer investigar a natureza da função de probabilidade. Aqui estão alguns valores para servir como guia:

Número de pessoas no grupo	Probabilidade de dois aniversários iguais	Número de pessoas no grupo	Probabilidade de dois aniversários iguais
10	0,1169481777110776	45	0,9409758994657749
15	0,2529013197636863	50	0,9703735795779884
20	0,4114383835805799	55	0,9862622888164461
25	0,5686997039694639	60	0,994122660865348
30	0,7063162427192686	65	0,9976831073124921
35	0,8143832388747152	70	0,9991595759651571
40	0,891231809817949		

Os alunos devem perceber a rapidez com que se chega à quase certeza.

Se fizéssemos isso com as datas de morte dos primeiros 30 presidentes, observaríamos que dois morreram em 8 de março (Millard Fillmore e William H. Taft) e três desses presidentes morreram em 4 de julho (Adams, Jefferson e Monroe). Acima de tudo, este início motivador ao tema da probabilidade deve servir para abrir os olhos sobre o exagero de confiança na intuição.

TEMA: UMA LIÇÃO SOBRE OS PROBLEMAS DE ALGARISMOS E VALOR DE POSIÇÃO

Materiais ou equipamentos necessários

Traga à aula recibos de restaurante suficientes para que cada grupo na turma possa ter um.

Aplicação da estratégia de motivação

Apresente à sua turma de alunos a seguinte situação. Muitas vezes, é bastante útil ser capaz de olhar um número e determinar rapidamente se ele é divisível por outro. Por exemplo, você vai a um restaurante com dois amigos e, quando vem a conta, decide acrescentar uma gorjeta e depois dividir a conta igualmente em terços, para que cada pessoa pague o mesmo valor. Como podemos determinar a divisibilidade por 3 sem realmente dividir?

Peça para cada grupo calcular, inicialmente, uma gorjeta de 18% sobre a conta total. Em seguida, peça para modificar a gorjeta o mínimo possível para que o total seja divisível por 3. Isso provavelmente deve ser realizado sem se fazer a divisão propriamente dita. A lição que segue sobre divisibilidade por 3 irá responder a esse desafio.

Agora, apresentamos uma regra que diz que, se a soma dos algarismos de um número for divisível por 3, o número também será divisível por 3. Por exemplo, se quisermos determinar se o número 537 é divisível por 3, usando esta regra, simplesmente encontramos a soma dos algarismos desse número, $5 + 3 + 7 = 15$, e conferimos a soma. Como 15 é divisível por 3, o número 537 também é divisível por 3.

Devemos ser capazes de justificar esta regra, para que possamos aceitá-la. Os alunos devem tentar, em pouco tempo, encontrar alguma forma de justificativa. Depois de algum tempo, eles estarão ansiosos para ser guiados a essa justificativa – ou seja, motivados para justificar uma questão do valor de posição.

Peça que os alunos representem um número geral de 3 algarismos, digamos, htu, na forma de valor de posição: $100h + 10t + u$. A seguir, pergunte-lhes como o número 3 poderia ser transformado nessa expressão. Um aluno inteligente poderia vir com a resposta criativa para mudar esta expressão para: $(99 + 1)h + (9 + 1)t + u$. Esta, então, pode ser reescrita como: $99h + 9t + h + t + u$. Já que $99h + 9t = 9(11h + t)$ é sempre divisível por 3, os alunos devem, então, entender que a expressão inteira, $99h + 9t + h + t + u$ seria divisível por 3, quando a parte restante, $h + t + u$, fosse divisível por 3. Em outras palavras, quando a soma dos algarismos for divisível por 3, o número também será divisível por 3.

É fácil ver que a mesma regra também se aplica à divisibilidade por 9. Em termos mais gerais, a regra vale para um a menos do que a base e seus fatores.

A partir daqui, o professor pode levar a turma a examinar divisibilidades análogas em outras bases como um começo para examinar outras representações de base. O professor pode querer ir mais longe e avaliar outros problemas que envolvam a forma expandida de números de base 10.

TEMA: APLICAÇÃO DE PROBLEMAS DE ALGARISMOS EM ÁLGEBRA

Materiais ou equipamentos necessários

Nada de especial é necessário para esta atividade motivacional, exceto um quadro-negro ou qualquer outro método para se escrever algo que a turma toda veja.

Aplicação da estratégia de motivação

Comece a aula de maneira incomum, pedindo a cada aluno para escolher um número de três algarismos, em que os algarismos da unidade e das centenas não sejam o mesmo. Esta atividade incompreensível envolve propriedades numéricas que são excepcionais, deixando os alunos com um forte desejo de descobrir por que isso é assim e, portanto, altamente motivados.

Nós lhe fornecemos uma versão simulada do que se está fazendo com a turma. Em negrito, as instruções para os alunos seguirem.

Escolha qualquer número de três algarismos (em que os algarismos da unidade e das centenas não sejam iguais).

Faremos isso com você aqui, selecionando arbitrariamente **825**.

Inverta os algarismos do número que você selecionou.

Continuamos aqui, invertendo os algarismos de 825 para obter **528**.

Subtraia os dois números (naturalmente, o menor do maior).

Nossa diferença calculada é **825 − 528 = 297**.

Mais uma vez, inverta os algarismos dessa diferença.

Invertendo os algarismos de 297, obtemos o número **792**.

Agora, some os dois últimos números.

Em seguida, some os dois últimos números para obter: **297 + 792 = 1089**.

Cada um de vocês deve ter o mesmo resultado, embora o seu número inicial fosse diferente dos de seus colegas.

Os alunos provavelmente irão se surpreender com o fato de que, independentemente de qual número tenha sido escolhido no início, todos chegaram ao mesmo resultado, ou seja, 1089.

Como isso acontece? É uma "propriedade maluca" deste número? Será que fizemos algo indevido em nossos cálculos?

Imaginamos que qualquer número que escolhêssemos nos levaria a 1089? Como poderíamos ter certeza? Bem, poderíamos experimentar todos os possíveis números de três algarismos para ver se funcionam. Isso seria tedioso e não muito elegante. É aqui que você pode começar a lição: aplicações de álgebra com problemas de algarismos.

A seguir, um método possível para servir como guia para o professor.

Vamos representar o número de três algarismos escolhido arbitrariamente, cdu, como $100c + 10d + u$, onde c representa os algarismos das centenas, d, o algarismo das dezenas, e u o das unidades.

Seja $c > u$, o que seria o caso no número escolhido ou em seu inverso.

Na subtração, $u - c < 0$; portanto, subtraia 1 da posição das dezenas (do minuendo), tornando a posição das unidades $10 + u$.

Como os algarismos das dezenas dos dois números a serem subtraídos são iguais, e foi retirado 1 do algarismo das dezenas do minuendo, o valor desse algarismo é $10 (d - 1)$. O algarismo das centenas do minuendo é $c - 1$, porque 1 foi retirado para permitir a subtração na posição das dezenas, tornando o valor do algarismo das dezenas $10 (d - 1) + 100 = 10d (d + 9)$.

Agora podemos fazer a primeira subtração:

$$\begin{array}{lll} 100(c-1) & +100(c+9) & +(u+10) \\ 100u & +10d & +c \\ \hline 100(c-u-1) & +10(9) & +u-c+10 \end{array}$$

Invertendo os algarismos dessa diferença, temos:

$$100(u - c + 10) + 10(9) + (c - u - 1)$$

A soma dessas duas últimas expressões nos dá:

$$100\,(9) + 10\,(18) + (10 - 1) = 1089.$$

A álgebra permite inspecionar o processo aritmético, independentemente do número.

Há um aspecto particularmente interessante no número **1089**. Como um pequeno extra, você pode entreter a turma com outra estranheza desse número já famoso. Examinemos os 10 primeiros múltiplos de 1089.

$$1089 \cdot 1 = 1089$$
$$1089 \cdot 2 = 2178$$
$$1089 \cdot 3 = 3267$$
$$1089 \cdot 4 = 4356$$
$$1089 \cdot 5 = 5445$$
$$1089 \cdot 6 = 6534$$
$$1089 \cdot 7 = 7623$$
$$1089 \cdot 8 = 8712$$
$$1089 \cdot 9 = 9801$$

Você identifica um padrão entre os produtos? Observe o primeiro e o nono produtos. Eles são inversos um do outro. O segundo e o oitavo também são inversos. E, assim, o padrão continua, até que o quinto produto seja o inverso de si mesmo, conhecido como um número palíndromo.

TEMA: INTRODUÇÃO AO SISTEMA DE NUMERAÇÃO DE BASE 2

Materiais ou equipamentos necessários

O professor terá de possuir uma versão grande do gráfico mostrado na Figura 8.1 ou folhas individuais com o gráfico para cada aluno da turma.

Aplicação da estratégia de motivação

No fim do ensino fundamental, apresentam-se aos alunos as bases numéricas diferentes da base 10. Uma maneira de interessá-los em bases numéricas é usar essa atividade, na qual o professor irá apresentar um enigma "desconcertante", cujos resultados os alunos estarão ansiosos para justificar. Esta atividade deve motivar seus alunos a se interessar em bases diferentes de 10.

Prepare um conjunto de "cartões para leitura da mente", como mostrado na Figura 8.1. Peça a um aluno para escolher qualquer número de 1 a 63 e escrevê-lo em um pedaço de papel. Dobre o papel e o entregue a outro aluno para que segure sem que você o veja.

Peça ao aluno para analisar os cartões de leitura da mente, um de cada vez, e dizer se seu número aparece em cada cartão. Para que o professor adivinhe o número secreto, tudo o que precisa ser feito é somar o primeiro número em cada cartão em que o número do aluno aparece.

A seguir, você deve ser capaz de dizer qual número o aluno escolheu. Confira-o em relação ao pedaço de papel em que o aluno havia escrito o número dele. Os alunos irão querer saber *como* se conseguiu essa pequena curiosidade. Isso serve de entrada para uma aula sobre a expressão de números de bases diferentes de 10, neste caso, base 2.

Na base 2, os únicos símbolos que podemos usar são 1 e 0, da mesma maneira em que no nosso sistema (base 10), a *posição* dos 1s e 0s determina o seu valor. O primeiro número em cada cartão, por ordem, é 1, 2, 4, 8, 16 e 32. Isto representa $2^0 = 1$, $2^1 = 2$, $2^2 = 4$, e assim por diante, até $2^5 = 32$.

Um número aparecer em um cartão é o mesmo que colocar um "1" na posição certa. O número não aparecer no cartão é equivalente a colocar um "0" nessa posição. Desse modo, o número 23 é escrito na base 2 como **10111** e aparece nos quatro cartões, cada um representando uma posição diferente do valor de posição na base 2. O número é **1**(16) + **0**(8) + **1**(4) +**1**(2) + **1**(1). Assim, 23 aparecerá nos cartões em cujo topo estão 16, 4, 2 e 1. Somando-os, temos 16 + 4 + 2 + 1 = 23.

1 3 5 7 9 11 13 15 17 19 21 23 25 27 29 31 33 35 37 39 41 43 45 47 49 51 53 55 57 59 61 63	2 3 6 7 10 11 14 15 18 19 22 23 26 27 30 31 34 35 38 39 42 43 46 47 50 51 54 55 58 59 62 63	4 5 6 7 12 13 14 15 20 21 22 23 28 29 30 31 36 37 38 39 44 45 46 47 52 53 54 55 60 61 62 63	8 9 10 11 12 13 14 15 24 25 26 27 28 29 30 31 40 41 42 43 44 45 46 47 56 57 58 59 60 61 62 63	16 17 18 19 20 21 22 23 24 25 26 27 28 29 30 31 48 49 50 51 52 53 54 55 56 57 58 59 60 61 62 63	32 33 34 35 36 37 38 39 40 41 42 43 44 45 46 47 48 49 50 51 52 53 54 55 56 57 58 59 60 61 62 63

FIGURA 8.1

TEMA: APLICAÇÃO DE PROBLEMAS DE ALGARISMOS EM ÁLGEBRA, OU USO DE ÁLGEBRA PARA JUSTIFICAR UMA PECULIARIDADE ARITMÉTICA

Materiais ou equipamentos necessários

Um quadro-negro ou qualquer outro meio para que os alunos sigam o andamento.

Aplicação da estratégia de motivação

Este dispositivo motivacional começará ao se mostrar aos alunos uma curiosidade aritmética, tentando-se encontrar outros exemplos dela e, finalmente, com a tentativa de explicar seu "segredo" subjacente.

Diga aos alunos que há certos pares de números que geram o mesmo produto, mesmo quando ambos os números têm seus algarismos invertidos. Por exemplo, 12 × 42 = 504, e quando invertemos os algarismos de cada um dos dois números, temos 21 × 24 = 504. O mesmo acontece com o par de números 36 e 84, já que 36 × 84 = 3024 = 63 × 48.

Neste momento, os alunos podem se perguntar se isso irá acontecer com qualquer par de números. A resposta é que ele só vai funcionar com 14 pares de números:

12 × 42 = 21 × 24 = 504
12 × 63 = 21 × 36 = 756
12 × 84 = 21 × 48 = 1008
13 × 62 = 31 × 26 = 806
13 × 93 = 31 × 39 = 1209
14 × 82 = 41 × 28 = 1148
23 × 64 = 32 × 46 = 1472
23 × 96 = 32 × 69 = 2208
24 × 63 = 42 × 36 = 1512
24 × 84 = 42 × 48 = 2016
26 × 93 = 62 × 39 = 2418
34 × 86 = 43 × 68 = 2924
36 × 84 = 63 × 48 = 3024
46 × 96 = 64 × 69 = 4416

Um exame cuidadoso desses 14 pares de números irá revelar que, em cada caso, o produto dos algarismos das dezenas de cada par de números é igual ao produto dos algarismos das unidades. Agora, você pode satisfazer os alunos com um exame algébrico da peculiaridade. Temos o seguinte para os números z_1, z_2, z_3 e z_4:

$$z_1 \times z_2 = (10a + b) \times (10c + d) = 100ac + 10ad + 10bc + bd$$

e

$$z_3 \times z_4 = (10b + a) \times (10d + c) = 100bd + 10bc + 10ad + ac,$$

onde a, b, c, d representam qualquer um dos 10 algarismos: 0, 1, 2, ... , 9, onde $a \neq 0$ e $c \neq 0$.

Devemos ter $z_1 \times z_2 = z_3 \times z_4$

$100ac + 10ad + 10bc + bd = 100bd + 10bc + 10ad + ac$

$100ac + bd = 100bd + ac$

$99ac = 99bd$

$ac = bd$, o que observamos anteriormente.

TEMA: INTRODUÇÃO ÀS PROPRIEDADES DA LINHA MÉDIA DE UM TRIÂNGULO[1]

Materiais ou equipamentos necessários

Computador com um programa de geometria dinâmica, como o Geometer's Sketchpad.

Aplicação da estratégia de motivação

Peça para os alunos desenharem um quadrilátero – possivelmente não um quadrado, um retângulo ou qualquer outro paralelogramo. Depois, os alunos devem localizar o ponto médio de cada um dos quatro lados do seu quadrilátero. A seguir, devem ligar os pontos médios em sequência. Peça para que mostrem à turma a construção resultante. O grupo irá se surpreender com o modo com que cada aluno desenhou um paralelogramo!

Esse paralelogramo resultante (Figura 8.2) é chamado um *paralelogramo Varignon*.[2] Isso é realmente incrível, já que se aplica a qualquer forma de quadrilátero, possibilitando que todos os alunos tenham desenhado um paralelogramo. Deve claramente despertar uma curiosidade entre os alunos, proporcionando assim uma boa motivação para justificar por que é verdade. Será necessário aprender sobre a linha média de um triângulo – a lição do dia.

Uma vez que os estudantes tenham demonstrado que a linha média de um triângulo é metade do comprimento do terceiro lado do triângulo e paralela a ele, é relativamente fácil se provar que o quadrilátero *EFGH* é um paralelogramo. Isso é feito desenhando-se $\overline{AC}$ e estabelecendo que a linha média $\overline{GH}$ do triângulo *ABC* é paralela a $\overline{AC}$ e metade do seu comprimento (ver Figura 8.2). O mesmo pode ser

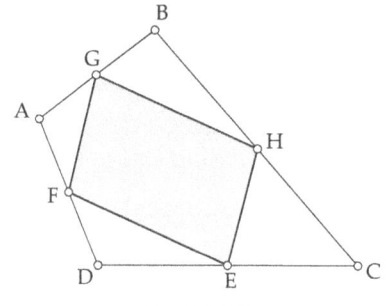

FIGURA 8.2

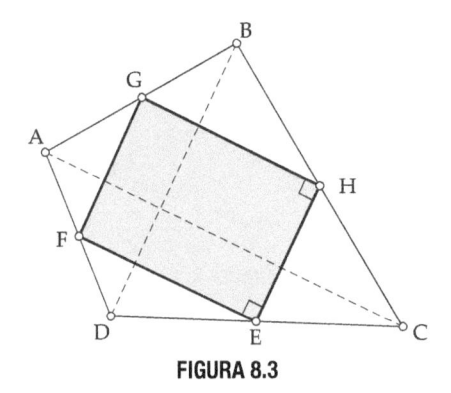

FIGURA 8.3

feito para $\overline{EF}$. Portanto, $AC = 2EF$ e $\overline{AC}$ é paralela à $\overline{EF}$, estabelecendo o paralelogramo $EFGH$, já que GH e EF são iguais e paralelos.

É claro que alguns quadriláteros – quando os pontos médios dos seus lados estiverem ligados – resultarão em paralelogramos especiais, tais como um retângulo, um quadrado e um losango (um paralelogramo com todos os lados iguais). Por exemplo, suponhamos um quadrilátero cujas diagonais são perpendiculares (ver Figura 8.3). Quando os pontos médios laterais desse quadrilátero são ligados, é produzido um retângulo $EFGH$.

Se o quadrilátero tem diagonais perpendiculares que também são do mesmo comprimento, o quadrilátero produzido pela união dos pontos médios laterais é um tipo especial de retângulo que conhecemos como quadrado! (ver Figura 8.4.)

Se o quadrilátero original só tiver diagonais de comprimento igual, e que não são perpendiculares, o quadrilátero formado pela união dos pontos médios laterais será um losango, como na Figura 8.5.

No final das contas, o que começou como uma curiosidade surpreendente e motivou os alunos a aprender sobre a linha média de um triângulo pode levar a uma investigação interessante sobre as propriedades dos quadriláteros.

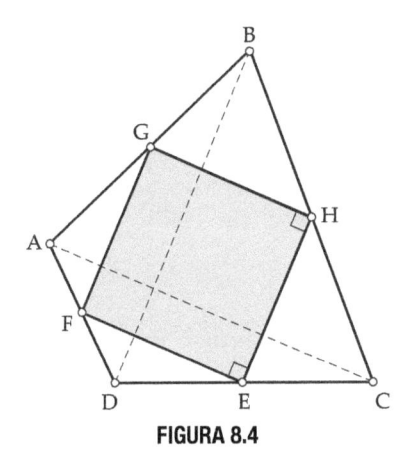

FIGURA 8.4

FIGURA 8.5

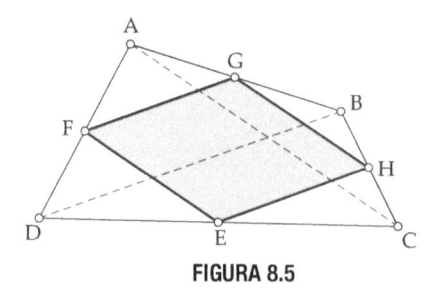

TEMA: APLICANDO A FUNÇÃO TRIGONOMÉTRICA DA SOMA DOS ÂNGULOS

Materiais ou equipamentos necessários

Um programa de geometria dinâmica seria útil, como o Geometer's Sketchpad.

Aplicação da estratégia de motivação

Inicie a aula com a declaração (que pode surpreender aos alunos) de que se podem encontrar três triângulos retângulos de modo que, se você calcular o tamanho do menor ângulo de cada triângulo e somar as três medidas, a soma será 90°. A justificativa dessa curiosidade deve motivar os alunos. Eles devem ser orientados a se concentrar em uma fórmula de soma dos ângulos de trigonometria.

Comece usando o Geometer's Sketchpad para desenhar três triângulos retângulos com os lados dos seguintes comprimentos (Figura 8.6):

3, 4, 5;   8, 15, 17;   36, 77, 85.

Em cada caso, o tamanho do triângulo não é importante, apenas a forma. Isto é, a proporção entre os lados de cada triângulo deve ser a indicada acima.

A tarefa é encontrar a soma das medidas dos menores ângulos de cada um desses triângulos retângulos. Como o menor ângulo de um triângulo é oposto ao menor lado, procura-se encontrar a soma de $m \angle C$, $m \angle F$ e $m \angle J$.

De ΔABC, obtemos as razões trigonométricas: sen $\hat{C} = \frac{3}{5}$, cos $\hat{C} = \frac{4}{5}$. Da mesma forma, de ΔDEF sen $\hat{F} = \frac{8}{17}$, e cos $\hat{F} = \frac{15}{17}$. Agora, sen $(\hat{C} + \hat{F})$ = sen $\hat{C} \cdot$ cos $\hat{F}$ + cos $\hat{C} \cdot$ sen $\hat{F} = \frac{3}{5} \cdot \frac{15}{17} + \frac{4}{5} \cdot \frac{8}{17} = \frac{77}{85}$.

Observamos, do terceiro triângulo, que cos $J = \frac{77}{85}$ = sen (90° – J).

Como ambos são iguais a $\frac{77}{85}$, sen $(C + F)$ = sen (90° – J). Conclui-se que $C + F$ = 90° – J, ou $C + F + J = 90°$, que devia ter sido encontrado.

Podemos tentar "conferir" esse resultado com o Geometer's Sketchpad. Aqui estão as medidas dos ângulos:

$$m\angle ACB \approx 37°$$
$$m\angle DFE \approx 28°$$
$$m\angle GJH \approx 25°$$

FIGURA 8.6

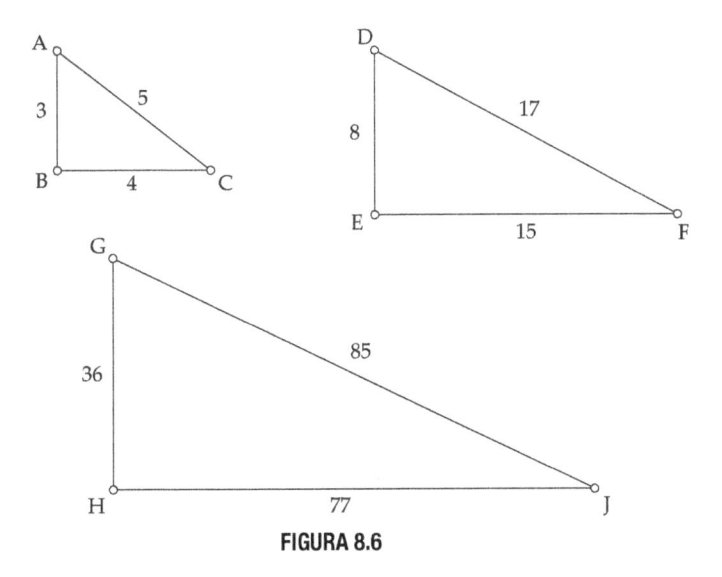

Deve-se ressaltar que as medidas são apenas aproximadas, ao passo que a relação $m\angle ACB + m\angle DFE + m\angle GJH = 90°$ é exata.

Esse problema aponta para uma utilização interessante da função da soma dos ângulos.

Agora tente encontrar outro triplo desses triângulos retângulos.[3] Há um número infinito desses triplos de triângulos retângulos?

NOTAS

1. A linha média de um triângulo é o segmento de reta que une os pontos médios de dois lados do triângulo.
2. Batizado em homenagem a Pierre Varignon (1654-1722), matemático francês que o descobriu em 1713. No entanto, foi publicado (postumamente) em 1731. O paralelogramo de Varignon tem metade da área do quadrilátero original e seu perímetro é igual à soma dos comprimentos das diagonais desse quadrilátero original. Isto é, na Figura 8.2, a área do paralelogramo *EFGH* é metade da área do quadrilátero ABCD, e o perímetro do paralelogramo EFGH é igual a AC + BD.
3. Aqui está outro conjunto de três triângulos retângulos em que isso se aplicará: (3, 4, 5), (5, 12, 13) e (33, 56, 65).

CAPÍTULO 9

Use materiais feitos pelo professor ou vendidos prontos

Sabemos que muitos de nossos alunos aprendem melhor a partir de uma abordagem real do tipo "mãos na massa". Eles precisam de um objeto físico em suas mãos para começar a compreender o que está ocorrendo. A motivação pode ser obtida apresentando-se à turma uma abordagem prática, usando materiais concretos de natureza incomum. Eles podem incluir materiais feitos pelos professores, como modelos de formas geométricas feitos com canudos de refrigerantes, transparências preparadas especificamente ou dispositivos práticos que ilustrem um determinado princípio geométrico. Há excelentes materiais disponíveis no comércio, de modelos geométricos a vídeos variados. Existem muitos programas de computador para introduzir discussões produtivas em sala de aula. Os materiais escolhidos devem ser examinados minuciosamente e sua apresentação, cuidadosamente planejada de forma a motivar os alunos para a aula e para não desviar a atenção dela. Quase qualquer tipo de acessório pode ser usado para envolver o interesse dos alunos.

Materiais inusitados despertam o interesse dos alunos e podem, assim, aumentar o desejo de analisar mais o assunto. A psicologia da motivação chama esse comportamento subjacente de "motivação da curiosidade" e sugere que ela é inata em seres humanos. A moderna psicologia do desenvolvimento considera a curiosidade uma força motriz importante para crianças e adolescentes em sua relação com o ambiente.

É fascinante observar como alunos que normalmente demonstram reserva e pouca iniciativa de repente se interessam quando o professor produz materiais de natureza incomum. O ímpeto que acompanha essa primeira surpresa muitas vezes continua além da primeira aula e em toda a sequência de ensino. Frequentemente, os alunos contam em casa suas experiências escolares incomuns e as coisas surpreendentes que fizeram em sua aula de matemática. Isso tem a vantagem de que eles revisam sua aprendizagem e o que viram e ouviram na escola. Além disso, ajuda a mostrar que a matemática não é, de forma alguma, o tema árido que costuma ser considerado com tanta frequência; pelo contrário, tem aspectos surpreendentes e incomuns que estão lá para que os descubramos.

Os alunos podem se tornar apaixonadamente inspirados com o uso inteligente de materiais bem escolhidos. Aqui os professores e as suas habilidades são desafiados a ser criativos e a encontrar os itens relevantes para trazer para a aula. Finalmente, como acontece com todos os outros métodos, os professores devem levar em consideração o contexto, o tempo e a frequência de aplicação. Encontrar o equilíbrio adequado entre o exagero e o muito pouco nem sempre é fácil, mas acabará por determinar o sucesso das lições seguintes.

TEMA: APRESENTAÇÃO DO CONCEITO DE UMA FUNÇÃO

Materiais ou equipamentos necessários

O meio habitual de apresentar um problema – projetor multimídia, retroprojetor ou quadro-negro seriam suficientes, no entanto, um conjunto de arco-e-flecha de brinquedo pode ser útil para fins de demonstração.

Aplicação da estratégia de motivação

Se o professor traz para a classe um arco-e-flecha de brinquedo com intenção de tornar mais intensa a atividade motivacional apresentada aqui, a simples visão dos itens incomuns irá despertar – ou motivar – os alunos a descobrir qual será o tema da aula. O que segue é, na verdade, uma forte introdução ao conceito de funções que foi motivado pelo conjunto de arco-e-flecha e pela discussão a seguir.

Em matemática, encontrar *análogos* concretos para representar conceitos abstratos nem sempre é fácil. Um exemplo em que um modelo físico pode ser usado para explicar um conceito abstrato é o desenvolvimento do conceito de função.

Vamos usar o modelo de um arco atirando flechas em um alvo. As flechas representam o *domínio* e o alvo representa o *intervalo*. O arco (e sua mira) é a *função*. Como uma flecha só pode ser usada uma vez,[1] sabemos que os elementos do domínio só podem ser usados uma vez. O arco pode atingir o mesmo ponto no alvo mais de uma vez. Portanto, os pontos no intervalo podem ser usados mais de uma vez. Esta é a definição de função: um *mapeamento* de todos os elementos de um conjunto sobre outro, com os elementos do primeiro conjunto usados exatamente uma vez. Alguns pontos sobre o alvo podem nunca ser atingidos por uma flecha, mas todas as flechas devem ser usadas. De maneira análoga, alguns elementos do intervalo podem não ser usados, mas todos os elementos no domínio devem ser usados. Ou, inversamente, por meio de um mapeamento (ou um "emparelhamento") de todos os elementos no domínio, alguns elementos do intervalo podem não ser usados.

Quando todos os pontos sobre o alvo (intervalo) são atingidos,[2] a função (ou mapeamento) é chamada de *função "sobrejetora"*.

Quando cada ponto sobre o alvo é usado apenas uma vez, a função é chamada de *função "um-a-um"*.

Quando cada ponto sobre o alvo é usado apenas uma vez (uma vez, e só uma vez), a função é chamada de *função "bijetora"*, ou pode ser chamada de uma *correspondência um-a-um*.

O uso de uma analogia do arco atirando flechas em um alvo para representar o conceito de uma função permite que o aluno conceitue essa noção abstrata de forma a lhe possibilitar um entendimento permanente.

TEMA: DESENVOLVENDO A FÓRMULA DA ÁREA DE UM CÍRCULO

Materiais ou equipamentos necessários

Cartolina preparada da forma mostrada nas Figuras 9.1 e 9.2.

Aplicação da estratégia de motivação

Com frequência, "diz-se" aos alunos que a área de um círculo é encontrada por meio da fórmula $A = \pi r^2$. Muitas vezes, eles não têm oportunidade de descobrir de onde essa fórmula pode ter vindo ou como ela se relaciona a outros conceitos que aprenderam. Não só é divertido, mas também educativamente adequado que a fórmula evolua a partir de conceitos previamente aprendidos. Pressupondo-se que os alunos estejam cientes da fórmula para calcular a área de um paralelogramo, este motivador representa uma boa justificativa para a fórmula da área de um círculo.

Esta atividade motivacional irá usar os materiais preparados pelo professor – círculo de tamanho conveniente desenhado no pedaço de papelão ou cartolina, dividido em 16 partes iguais (ver Figura 9.1). Isso pode ser feito marcando arcos consecutivos de 22,5° ou dividindo consecutivamente o círculo em duas partes, em seguida, em quatro partes, depois dividindo cada um dos arcos de um quarto, e assim por diante. Em seguida, essas partes, mostradas acima, são cortadas em pedaços e remontadas, da maneira representada na Figura 9.2.

Essa colocação sugere que temos uma figura que se aproxima de um paralelogramo. Ou seja, se o círculo fosse cortado em mais partes, a figura se aproximaria de um paralelogramo de verdade. Vamos supor que seja um paralelogramo. Neste caso, a base teria comprimento $\frac{1}{2}C$, em que $C = 2\pi r$ (r é o raio). A área do paralelogramo é igual ao produto da sua base e altura (que aqui é r). Portanto, a área do paralelogramo = $(\frac{1}{2}C)r = \frac{1}{2}(2\pi r)(r) = \pi r^2$, que é a fórmula conhecida da área de um círculo. Isso

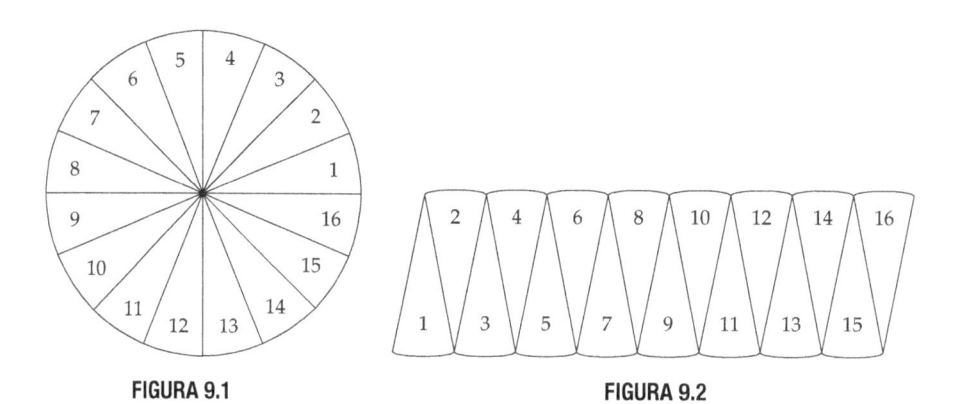

FIGURA 9.1

FIGURA 9.2

certamente deve impressionar os seus alunos até o ponto em que esta fórmula para área comece a ter algum significado intuitivo. Esta atividade motivacional deixará uma profunda impressão sobre os alunos que já viram a fórmula da área do círculo muitas vezes e precisam de uma nova motivação.

TEMA: DESENVOLVENDO A SOMA DOS ÂNGULOS DE UM TRIÂNGULO

Materiais ou equipamentos necessários

Cartolina ou qualquer papel cortado em formato triangular.

Aplicação da estratégia de motivação

No final do ensino fundamental, os alunos trabalharam com triângulos que são equiláteros, isósceles, retângulos, acutângulos, obtusos e assim por diante. O que todos eles têm em comum? Além de três lados, cada triângulo tem medidas de ângulos que somam 180 graus. Este motivador fornece materiais simples feitos pelo professor para que funcionem como incentivo para que os alunos explorem essa relação, e leva a uma lição que visa provar e aplicar o teorema.

Dê a cada grupo de alunos ou a cada aluno um triângulo cortado de papelão ou papel. Peça aos alunos para localizar os pontos médios de dois lados. Na Figura 9.3, os pontos D e E são os pontos médios dos lados AB e AC. Em seguida, a dobra do vértice superior do triângulo ao longo de DE permitirá que o vértice A chegue a BC, como mostrado na Figura 9.4. A seguir, dobre o vértice B até encontrar o ponto A (Figura 9.5) e faça o mesmo do outro lado, com o vértice C também se encontrando no ponto A (Figura 9.6). Por conseguinte, a soma dos ângulos de um triângulo é 180°.

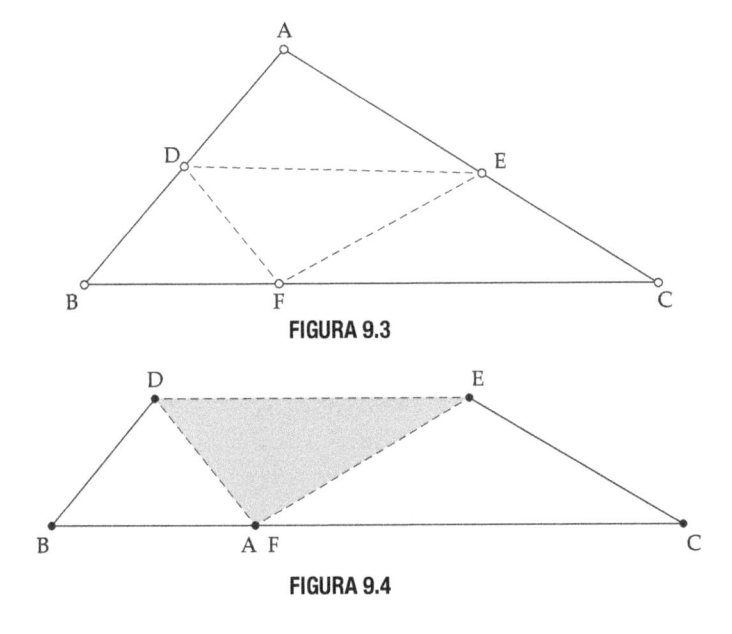

FIGURA 9.3

FIGURA 9.4

Outra opção seria rasgar os três ângulos do triângulo original e colocá-los juntos para mostrar uma soma em linha reta. No entanto, existem relações interessantes que podem ser mostradas com dobras de papel.

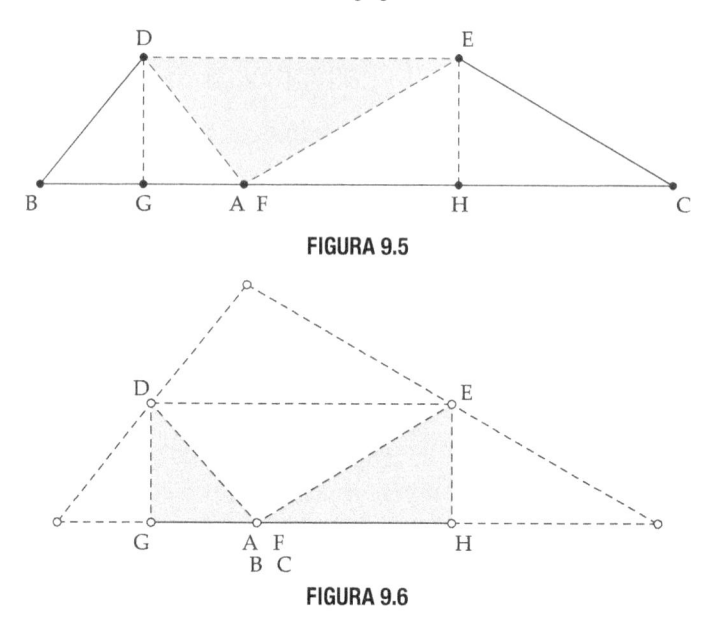

FIGURA 9.5

FIGURA 9.6

Para ter certeza de que os alunos enxergam a natureza geral dessa demonstração, alguns grupos devem ter um triângulo equilátero; alguns, um triângulo isósceles; outros, um triângulo retângulo; e outros, ainda, um triângulo escaleno, de modo que o resultado possa ser generalizado.

TEMA: INTRODUÇÃO À DESIGUALDADE TRIANGULAR

Materiais ou equipamentos necessários

Uma caixa de espaguete e um quadro-negro.

Aplicação da estratégia de motivação

Entrar na sala de aula com uma caixa de espaguete irá despertar interesse ou motivação entre os alunos e, neste caso, solidificar o conceito de desigualdade do triângulo. Cuidadosamente, dê a cada aluno 10 varinhas de espaguete. Diga aos alunos para pegar cada uma e dividi-la em três partes. Em seguida, eles devem colocar as três peças sobre a mesa e tentar formar um triângulo. Eles devem manter um registro para anotar se conseguirem formar um triângulo para cada tentativa com uma vara de espaguete. A análise de suas 10 tentativas deverá levar os alunos à conclusão de que só quando a soma dos comprimentos de quaisquer dois lados for maior do que o comprimento do terceiro lado é que será possível construir um triângulo.

Os alunos provavelmente já ouviram falar que "a menor distância entre dois pontos é uma linha reta". Podemos usar esse fato para chegar à desigualdade do triângulo:

> A soma dos comprimentos de todos os dois lados de um triângulo deve ser maior do que o comprimento do terceiro lado.

Na Figura 9.7, a distância mais curta entre os pontos A e B é o segmento AB, isto é, $AC + CB > AB$.

A prova desta relação (ou teorema) pode ser feita de forma muito simples.

Considere o triângulo ABC (Figura 9.8), e escolha o ponto D no segmento CA para que $AD = AB$.

Considerando-se que no triângulo isósceles DAB, $\angle ADB \cong \angle ABD$, $m\angle DBC > m\angle ADB$. Segue-se, então, que (para ΔDBC), $DC > BC$, porque, em um triângulo, o lado maior é oposto ao ângulo maior. No entanto, considerando-se que $AD = AB$, $DC = AC + AB$. Portanto, $AC + AB > BC$, que é o que deveria ser provado.

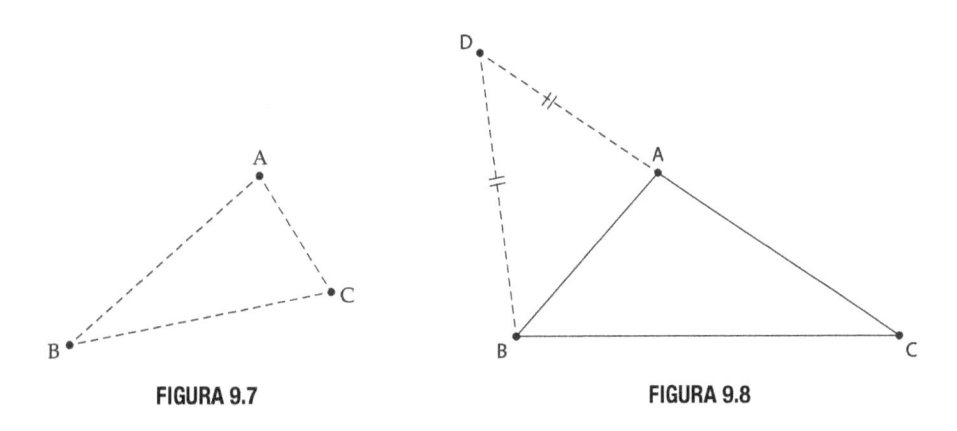

FIGURA 9.7   **FIGURA 9.8**

TEMA: APRESENTAÇÃO DO TEOREMA DE PITÁGORAS

Materiais ou equipamentos necessários

Cortes de papelão, como mostrado nas Figuras 9.9 e 9.10, e uma corda com 12 nós equidistantes, como mostrado na Figura 9.12.

Aplicação da estratégia de motivação

Assim que o professor mostra alguns materiais incomuns no início da aula, os alunos geralmente ficam curiosos sobre o que virá a seguir. Essa motivação é um dos muitos tipos que podem ser usados para introduzir o Teorema de Pitágoras. Combinada com um pouco de história leve do teorema, seria ainda mais motivadora para os alunos.

FIGURA 9.9

FIGURA 9.10

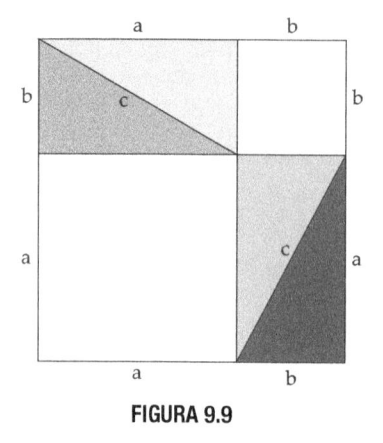

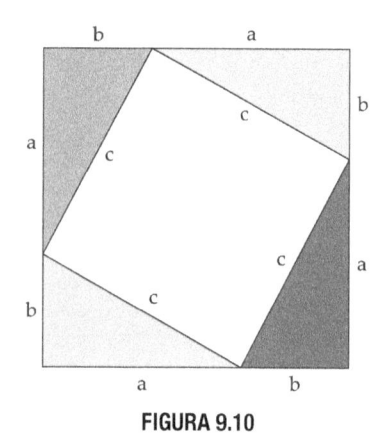

Agora, vamos nos concentrar na relação geométrica que tornou Pitágoras famoso no mundo de hoje e que, claro, leva o seu nome. Faríamos bem em considerar o seu papel de destaque (ou o de sua sociedade) no desenvolvimento dessa relação impressionante. Embora a relação já fosse conhecida antes de Pitágoras, está correto que o teorema seja batizado com seu nome, já que ele (ou um dos pitagóricos) foi o primeiro a apresentar uma prova do teorema, pelo menos até onde se sabe. Os historiadores supõem que ele tenha usado quadrados como os mostrados nas Figuras 9.9 e 9.10 – talvez inspirado pelo padrão de lajotas do piso. Iremos demonstrar brevemente a prova aqui.

Para mostrar que $a^2 + b^2 = c^2$, você só precisa subtrair os quatro triângulos retângulos, com lados a, b e c, de cada um dos dois quadrados maiores, de modo que, na Figura 9.9, acabe com dois quadrados (Figura 9.11) cuja soma da área é $a^2 + b^2$, e na Figura 9.10, você acabe com um quadrado de área c^2 (Figura 9.12). Por conseguinte, considerando que os dois quadrados originais tinham o mesmo tamanho e nós, subtraímos quantidades iguais de cada um, pode-se concluir que $a^2 + b^2 = c^2$, que é mostrado nas Figuras 9.11 e 9.12, com as duas figuras tendo a mesma área.

Provar um teorema é uma coisa, mas ter a ideia que estabelece essa relação geométrica é outra. É provável que Pitágoras tenha aprendido essa relação em sua viagem de estudos ao Egito e à Mesopotâmia, onde o conceito era conhecido e utilizado na construção, em casos especiais.

Durante suas viagens ao Egito, Pitágoras provavelmente testemunhou o método de medição dos chamados harpedonaptas (esticadores de corda). Eles usavam cordas amarradas com 12 nós equidistantes para criar um triângulo com dois lados de comprimento de três e quatro unidades, e um terceiro lado, de cinco unidades, sabendo que isso lhes permitia "construir" um ângulo reto (ver Figura 9.13).

Eles aplicavam esse conhecimento para fazer medições topográficas das margens do rio Nilo após as enchentes anuais, a fim de reconstruir campos retangulares para os agricultores. Eles também empregavam o método ao instalar as pedras dos alicerces de templos. Até onde sabemos, os egípcios não conheciam a relação generalizada que nos foi dada pelo Teorema de Pitágoras. Eles parecem ter conhecido

FIGURA 9.11   **FIGURA 9.12**   **FIGURA 9.13**

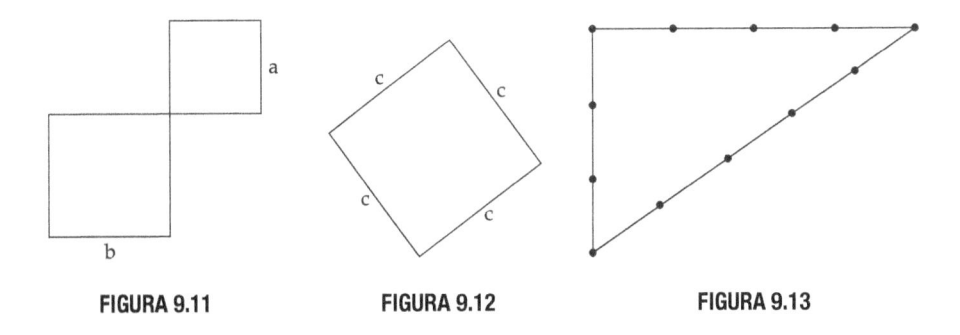

apenas o caso especial do triângulo com lados de comprimentos de três, quatro e cinco, que produzia um triângulo retângulo. Chegou-se a isso pela experiência, e não por algum tipo de prova formal.

Esses pequenos antecedentes históricos, juntamente com materiais incomuns feitos pelos professores, devem servir como uma das muitas belas introduções de motivação para o Teorema de Pitágoras.

TEMA: AMPLIANDO O TEOREMA DE PITÁGORAS

Materiais ou equipamentos necessários

Cartolina preparada da forma mostrada a seguir.

Aplicação da estratégia de motivação

Comece informando os alunos de que o Teorema de Pitágoras foi celebrado por mais de 520 provas diferentes,[3] algumas das quais foram feitas por Pitágoras (cerca de 570 a. C. até 510 a. C.), Euclides (cerca de 365 a. C até cerca de 300 a. C.), Leonardo da Vinci (1452-1519), Albert Einstein (1879-1955) e o presidente dos Estados Unidos, James A. Garfield (1831-1881), quando era membro da Câmara dos Deputados. Depois de mencionar que a soma das áreas dos quadrados sobre os catetos do triângulo é a mesma que a área do quadrado da hipotenusa – e, talvez, prová-lo de qualquer uma das várias maneiras – você pode motivar a turma, mostrando que isso não está limitado a "quadrados" e também pode ser dito sobre as áreas de quaisquer polígonos semelhantes sobre os lados de um triângulo retângulo. Usaremos triângulos retângulos semelhantes e os colocaremos sobre os lados de um triângulo retângulo (Figura 9.14) e, depois, provaremos "visualmente" o Teorema de Pitágoras de uma maneira que poderia ser considerada intuitiva.

Considere o triângulo retângulo $\triangle ABC$ com ângulo reto ACB e altura CD. Na Figura 9.14, cobrimos cada um dos três triângulos retângulos semelhantes, $\triangle ADC$, $\triangle CDB$, e $\triangle ACB$, com um triângulo congruente. Podemos ver claramente que a *Área* $\triangle ADC$ + *Área* $\triangle CDB$ = *Área* $\triangle ACB$.

Em seguida, dobramos sobre suas respectivas hipotenusas, como mostrado na Figura 9.15, de modo que possamos concluir que a soma das áreas dos triângulos

FIGURA 9.14

FIGURA 9.15

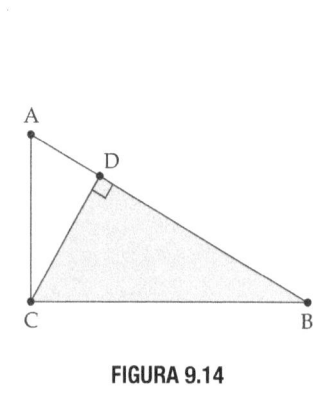

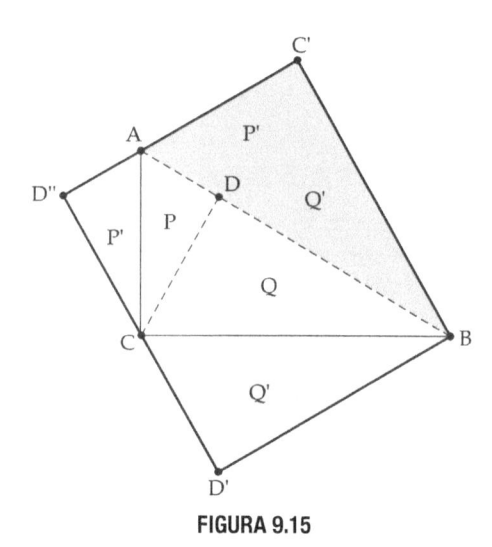

retângulos semelhantes ($\Delta AD''C$, e $\Delta CD'B$) sobre os catetos do triângulo retângulo ΔABC é igual à área do triângulo retângulo semelhante ($\Delta AC'B$) sobre a hipotenusa. Como dissemos anteriormente, uma vez que a relação entre as áreas de quaisquer polígonos semelhantes é igual à relação dos quadrados dos lados correspondentes, obtemos $(AC)^2 + (CB)^2 = (AB)^2$, que é o Teorema de Pitágoras – isso o prova!

Esse modelo feito pelo professor vai longe no sentido de motivar os alunos a procurar outros métodos não tradicionais para provar o Teorema de Pitágoras.

TEMA: INTRODUÇÃO À MEDIÇÃO DE ÂNGULOS COM UM CÍRCULO, MOVENDO O CÍRCULO

Materiais ou equipamentos necessários

Qualquer meio que possa apresentar o diagrama mostrado na Figura 9.16; (sugere-se) um papelão com dois barbantes escuros presos da forma mostrada e um círculo cortado em papelão com um ângulo marcado nele, igual ao ângulo dos dois barbantes fixados ao papelão grande.

Aplicação da estratégia de motivação

A apresentação será muito motivadora, pois a maior parte é com modelos físicos – seja em papelão ou por computador. Essa lição visa provar os teoremas sobre medição de ângulos relacionados a um círculo usando um modelo físico, como papelão, barbante e um par de tesouras, ou usando o programa Geometer's Sketchpad. Em vez de seguir o método mais comum de livro didático, que trata cada um dos teoremas como entidades separadas, essa lição irá abordar todos os teoremas com um procedimento. As aplicações que seguem essa lição podem ser tratadas em conjunto

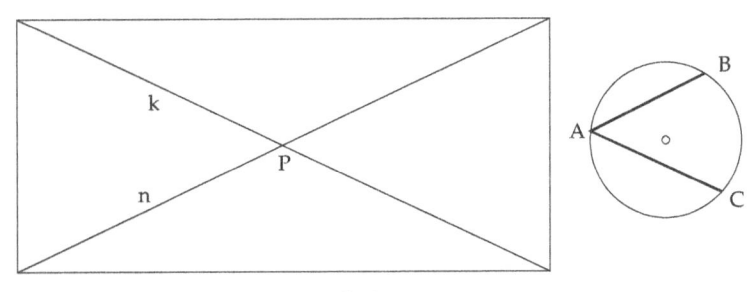

FIGURA 9.16

(como estamos apresentando os teoremas aqui) ou individualmente, em algumas lições depois desta.

Iremos demonstrar que todas as medições dos vários ângulos relativos a um círculo podem ser realizadas muito bem cortando-se um círculo a partir de um pedaço de papelão e desenhando sobre ele um ângulo inscrito conveniente (Figura 9.16). A medida desse ângulo deve ser a mesma que é formada por dois pedaços de barbante, que são fixados a um pedaço retangular de papelão, como na Figura 9.16.

A lição anterior a esta deve ter provado o teorema estabelecendo que a medida de um ângulo inscrito de um círculo é a metade da medida do arco secante.

Movendo o círculo para várias posições, seremos capazes de encontrar a medida de um ângulo formado por:

- Duas cordas que se cruzam no interior do círculo (mas não em seu centro).
- Duas secantes que se cruzam fora do círculo.
- Duas tangentes que se cruzam fora do círculo.
- Uma secante e uma tangente que se cruzam do lado de fora do círculo.
- Uma corda e uma tangente que se cruzam sobre o círculo.

Começamos demonstrando a relação entre os arcos do círculo e o ângulo formado **por duas cordas que se cruzam no interior do círculo** (mas não em seu centro). Coloque o círculo de papelão em uma posição de modo que $\overline{AB} \parallel n$ e $\overline{AC}$ estejam em k, como na Figura 9.17.

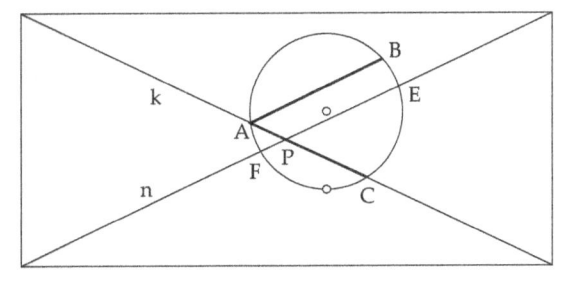

FIGURA 9.17

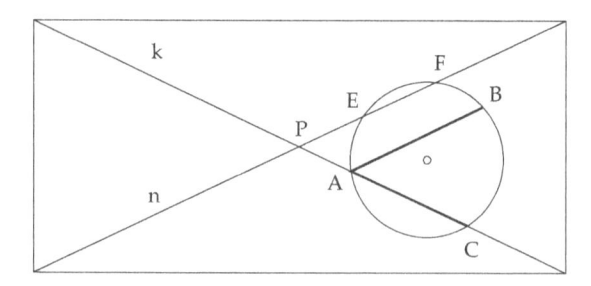

FIGURA 9.18

Observe que $m\angle A = \frac{1}{2}m\widehat{BEC}$, e $m\angle A = m\angle EPC$. Logo, $m\angle P = \frac{1}{2}mBEC = (\frac{1}{2}m\widehat{BE} + m\widehat{EC}$. Mas, como as linhas paralelas cortam arcos congruentes em um círculo dado, $m\widehat{BE} = m\widehat{AF}$. Logo, $m \angle P = \frac{1}{2} (m\widehat{AF} + m\widehat{CE})$, que mostra a relação do ângulo formado por duas cordas, $\angle P$, e os seus arcos secantes, $\widehat{AF}$ e $\widehat{CE}$.

Considere, a seguir, o ângulo formado por **duas secantes que se cruzam fora do círculo**. Coloque o círculo de papelão na posição mostrada na Figura 9.18.

Comece lembrando que $m\angle P = \frac{1}{2}\widehat{mBC}$ e $m\angle FPC = m\angle A$. Como $m\widehat{AE} = m\widehat{BF}$, podemos somar e subtrair da mesma quantidade sem alterar o valor da quantidade original. Assim, $m\angle P = \frac{1}{2}(m\widehat{BC} + m\widehat{BF} - m\widehat{AE}) = \frac{1}{2}(\widehat{mFBC} - \widehat{mAE})$.

De um modo semelhante, pode-se demonstrar a relação entre o ângulo formado **pela intersecção de duas tangentes fora do círculo** e os seus arcos secantes. Movemos o círculo de papelão para a posição mostrada na Figura 9.19.

Neste caso, a igualdade de arcos $\widehat{AE}$ e $\widehat{BE}$, bem como dos arcos $\widehat{AF}$ e $\widehat{CF}$, é fundamental para demonstrar a relação desejada.

Temos $m\angle P = m\angle A = 1/2 m\widehat{BC} = \frac{1}{2} (m\widehat{BE} + m\widehat{BC} + m\widehat{CF} - m\widehat{AE} - m\widehat{AF}) = \frac{1}{2} (m\widehat{EBCF} - m\widehat{EAF})$.

Mais uma vez, deslizando o círculo de papelão à posição seguinte (ver Figura 9.20), podemos encontrar a medida do ângulo formado **pela intersecção de uma tangente e uma secante fora do círculo**.

Desta vez contamos com a igualdade de arcos $\widehat{AE}$ e $\widehat{BE}$. Obtemos o seguinte, adicionando e subtraindo esses arcos iguais:

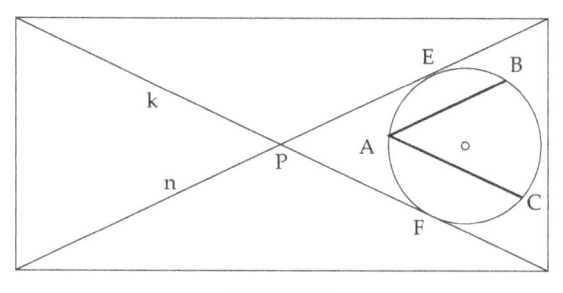

$$m\angle P = m\angle A = \tfrac{1}{2}mBC = \tfrac{1}{2} (m\widehat{BC} + m\widehat{BE} - m\widehat{AE}) = \tfrac{1}{2}(m\widehat{EBC} - m\widehat{AE}).$$

FIGURA 9.19

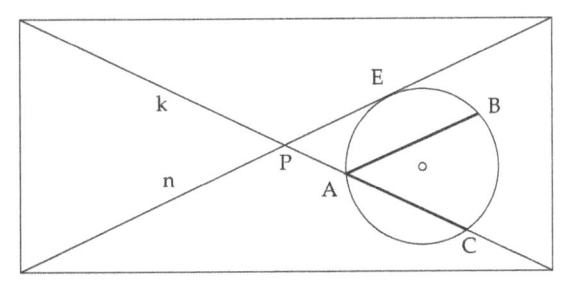

FIGURA 9.20

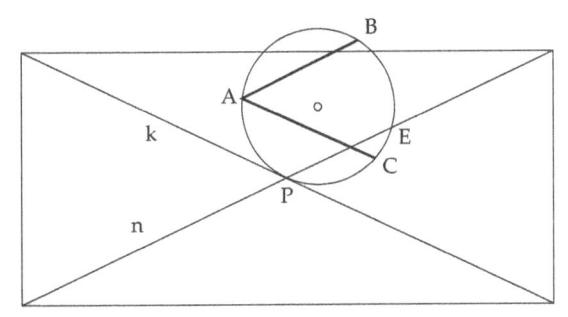

FIGURA 9.21

Para completar as várias possibilidades de posições para o círculo de papelão, situe-o de forma que possamos encontrar a relação **entre um ângulo formado pela intersecção de uma corda e uma tangente no ponto de tangência** e seu arco secante. Veja a Figura 9.21.

A igualdade crucial dos arcos neste momento é $m\widehat{AP} = \widehat{CP}$, e $m\widehat{AP} = m\widehat{BE}$. Começamos como antes:

$$m\angle P = m\angle A = \tfrac{1}{2}m\widehat{BEC} = \tfrac{1}{2}(m\widehat{BE} + m\widehat{EC} + m\widehat{PC} - m\widehat{AP}) = \tfrac{1}{2}(m\widehat{EC} + m\widehat{PC}) = 1/2 m\widehat{PCE}.$$

Esta atividade também pode ser feita muito bem com um programa de computador para desenho, como o Geometer's Sketchpad.

Você deve se lembrar de que, embora a atividade tenha sido apresentada na forma de uma aula de demonstração, poderia muito bem ser adotada como atividade dos alunos, onde eles trabalhassem em pequenos grupos – cada um com um modelo de papelão – e fizessem sua própria investigação sobre as medidas das várias posições angulares mencionadas acima.

TEMA: CONCEITO DE TRIÂNGULOS SEMELHANTES

Materiais ou equipamentos necessários

Um pantógrafo.

Aplicação da estratégia de motivação

O pantógrafo (Figura 9.22) é um instrumento de ligação e é usado para desenhar figuras semelhantes. Pode ser obtido em lojas de brinquedo ou lojas de desenho, já que tem sido vendido a crianças para que possam desenhar (ou copiar) personagens de desenho animado em tamanho maior. Também pode ser construído com tiras de papelão e prendedores.

O pantógrafo consiste em quatro barras articuladas em quatro pontos, com um ponto fixo e outro ponto em que há um lápis. Há furos nas barras a fim de permitir o ajuste do tamanho. Traçar triângulos e observar a proporção de semelhança segundo os ajustes nas barras será uma boa porta de entrada ao estudo da similaridade.

FIGURA 9.22
(Foto fornecida por Rockler.com)

TEMA: INTRODUÇÃO A POLÍGONOS REGULARES

Materiais ou equipamentos necessários

Tiras de papel ou um rolo de tiras estreitas (aproximadamente de 3 centímetros) em papel para serem distribuídas para a classe, e um pouco de barbante.

Aplicação da estratégia de motivação

Os polígonos regulares são conhecidos da maioria dos estudantes, por serem as figuras mais comuns em nosso meio. No entanto, apresentá-los por meio de dobraduras de papel inteligentes pode servir para fornecer um novo nível de reconhecimento acerca dessas figuras geométricas, o que deve motivar grande parte do estudo que está planejado.

Comece com os alunos amarrando os nós mostrados na Figura 9.23 (a)-(d). Eles devem deixar cada nó solto de modo que possa ser analisado e copiado depois.

Comece com o nó mostrado na Figura 9.23 (a). Este nó deve agora ser copiado com uma tira de papel, apertado e depois pressionado para que se achate. O pentágono regular resultante já deve estar óbvio. Quando olhado contra a luz, as diagonais (formando um pentagrama regular) são visíveis (ver Figura 9.24 [a]).

Todos os polígonos regulares com um número ímpar de lados podem ser construídos por meio de dobraduras de papel, dessa forma. O nó mostrado na Figura 9.23 (b) produz um heptágono regular (Figura 9.24 [b]).

(a)

(b)

(c)

(d)

FIGURA 9.23

(a)

(b)

(c)

(d)

(e)

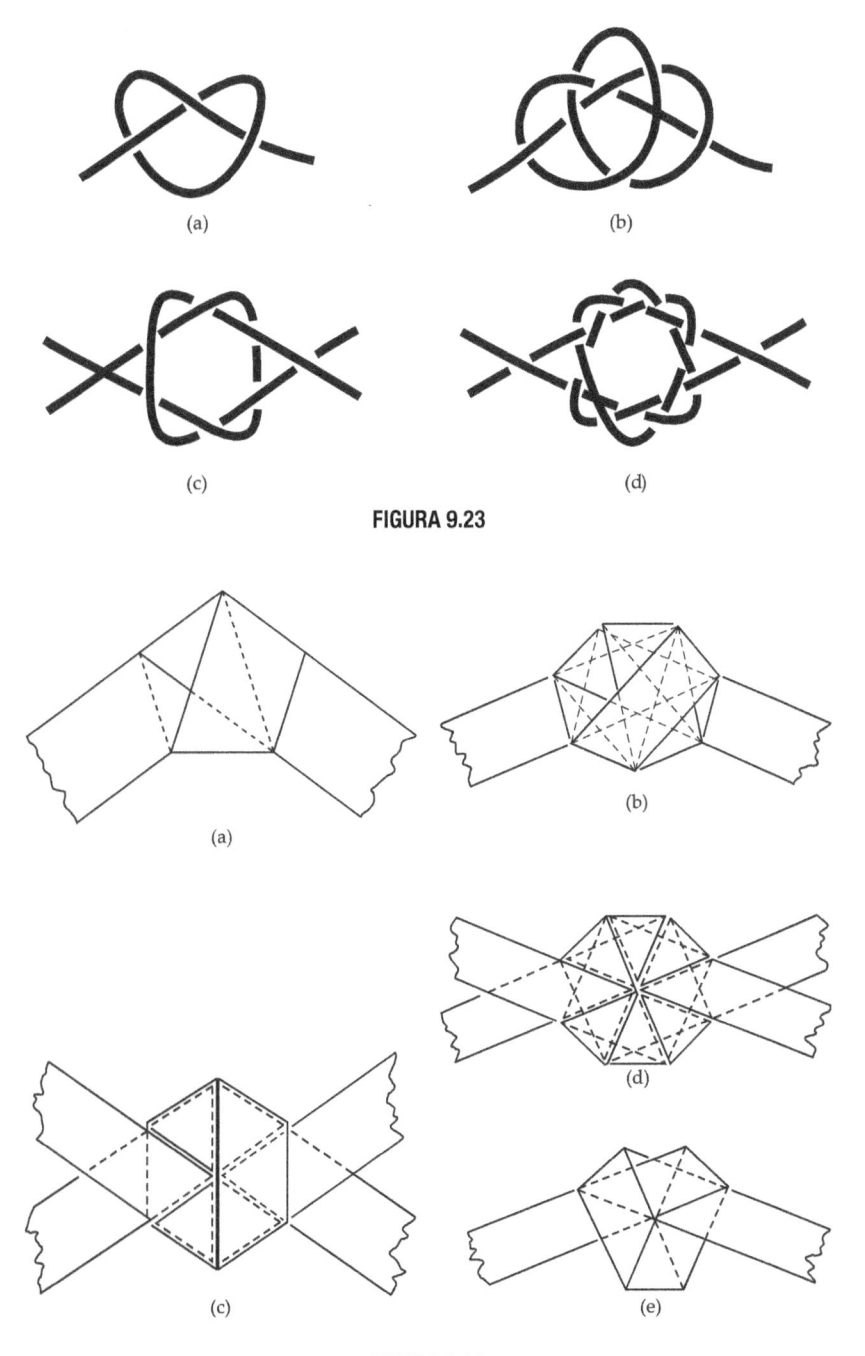

FIGURA 9.24

Os polígonos regulares com um número par de lados são produzidos por duas tiras de papel, segundo o modelo do análogo com dois pedaços de barbante. A construção para o hexágono regular é mostrada na Figura 9.24 (c).

A construção do octógono regular é um pouco mais difícil. O nó modelo é mostrado na Figura 9.23 (d). Contudo, a dobradura de papel seria muito mais fácil quando a tira fosse dobrada inicialmente, como mostrado na Figura 9.24 (e) e, em seguida, interligada com uma segunda do mesmo tipo para formar o octógono, como mostrado na Figura 9.24 (d).

Esta introdução bastante incomum ao estudo de polígonos regulares pode ampliar a base experimental para estudantes de geometria até o ponto em que o seu pensamento possa produzir alguns resultados bastante interessantes.

TEMA: APRESENTAÇÃO DA PARÁBOLA

Materiais ou equipamentos necessários

Deve ser distribuído papel vegetal a cada aluno.

Aplicação da estratégia de motivação

O professor entrando na sala de aula com uma pilha de folhas de papel vegetal prontas para ser distribuídas à turma irá gerar um interesse entre os alunos – por si só, isso pode ser um mecanismo motivador!

Uma abordagem reveladora para compreender as propriedades de uma parábola incentiva os alunos a construírem a parábola por meio do envelope de tangentes a cada curva. A ideia básica usada aqui é que uma parábola é o lugar geométrico dos pontos equidistantes de uma linha fixa (chamada diretriz) e um ponto fixo (chamado de foco) que não esteja nessa linha. Vamos gerar cada tangente aplicando essa regra do lugar geométrico. Isto será feito dobrando-se uma folha de papel e observando o padrão de vincos que resulta. (Se não houver papel vegetal disponível, pode-se usar qualquer pedaço fino de papel.)

Na Figura 9.25, mostramos como fazê-lo. Selecione um segmento de reta, AB, como diretriz. Escolha um ponto, P, que não esteja em $\overline{AB}$, para servir como *foco*. Dobre o papel de modo que o ponto P coincida com qualquer ponto de AB. Faça um vinco cuidadoso e diferenciado. Você acaba de "construir" a mediatriz de um segmento que une P e um ponto em $\overline{AB}$. Repita este procedimento "situando" o ponto em uma posição diferente sobre $\overline{AB}$. Faça outro vinco. Continue esse processo até que P tenha coincidido com muitos pontos diferentes de $\overline{AB}$. Quanto mais vincos forem feitos, mais clara será a parábola que sai das linhas tangentes. Não será necessário realmente desenhar a parábola, apenas observar como muitas linhas parecem ser tangentes a esta parábola (não desenhada).

O desenho a seguir, que indica o resultado da dobradura do papel vegetal, foi feito com o programa de computador Geometer's Sketchpad. Ao fazer a construção no computador, conseguimos distorcer o diagrama e inspecionar quais aspectos da construção continuam a ser constantes em várias posições. Aqui, podemos ver que os pontos médios dos segmentos que unem P com suas várias imagens em $\overline{AB}$ são colineares e que a linha é paralela a $\overline{AB}$.

FIGURA 9.25

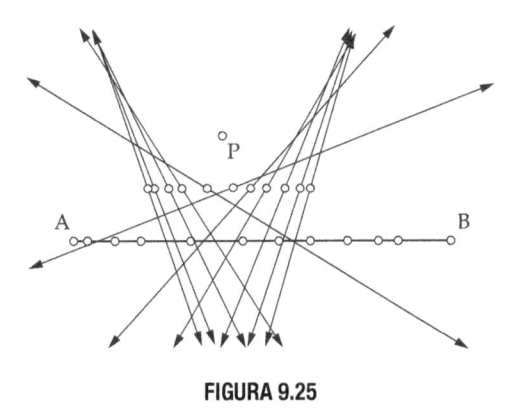

O produto final dá um excelente material a ser exibido em mural, bem como um modelo adequado para discutir esta secção cônica. Conceitos como foco e diretriz de uma parábola são facilmente trazidos à tona no processo de fazer a dobra propriamente dita dos envelopes das tangentes às curvas. Uma abordagem semelhante pode ser utilizada para introduzir outras secções cônicas: a elipse e a hipérbole.

NOTAS

1. Na verdade, um revólver e as balas seriam um análogo melhor do que o arco-e-flecha, já que a bala *realmente* só pode ser usada uma vez. Para esta ilustração, deixe claro que a flecha, uma vez disparada, não pode ser usada de novo.
2. Obviamente, na realidade, seria necessário um número infinito de flechas, de forma que deve ser adequadamente simulado.
3. O livro de LOOMIS, E. S. *The Pythagorean proposition*. Washington: National Council of Teachers of Mathematics, 1968, contém 370 provas diferentes do Teorema de Pitágoras e foi originalmente publicado em 1940 e republicado pelo National Council of Teachers of Mathematics em 1968.

Índice

A

Adams, John Quincy, 101
Álgebra
 aplicações, em geral, 45-47, 65-66
 peculiaridades aritméticas, 79-82, 105-106
 peculiaridades contraintuitivas, 81-83
 problemas de algarismos, 84-85, 102-103, 105-106
Analogia do arco atirando flechas em um alvo, 112
Ângulos
 círculo, medição de, movendo o círculo, 118-122
 círculo, secantes, 24-25
 função trigonométrica da soma dos ângulos, 108-109
 polígono interior, 38-40
Área, 60-63
 círculo, 62-63, 112
 esfera, 96-97
Área de superfície. Ver Área
Arquimedes, 95-97
Áustria, 93-94
Autopalíndromo, 34, 78

B

Bad Aussee, 93-94
Baricentro
 retângulo, 93-94
 triângulo, 92-95
Bonaparte, Napoleão, 50

C

Cantor, Georg, 90
Cartões para leitura da mente, 104
Centro de gravidade de um quadrilátero, 93-94

Círculo
 ângulo formado por duas secantes, 24-25
 área, 62-63, 112
 circunferência, 48-50
 cordas que intersectam, produto, 71-72
 medição de ângulos, 118-122
 segmentos tangentes, 26-27
Circuncentro do triângulo, 72
Conjetura
 de Goldbach, 44-45, 89
 de Polignac, 57-58
Contando combinações, 39-40
Correspondência um-a-um, 111
Crivo de Eratóstenes, 44-45
Cuidado com os padrões, 35-37
Curiosidades matemáticas, 19-20, 99-109
 álgebra, peculiaridade aritmética, 105-106
 função trigonométrica da soma de ângulos, 108-109
 motivação de, 110
 probabilidade, 99-101
 problemas de algarismos, 101-103, 105-106
 sistema de numeração de base-2, 104
 triângulo, linha intermediária de um, 106-108
 valor de posição 101-102
Curiosidades. Ver Curiosidades matemáticas

D

da Vinci, Leonardo, 117
Datas de morte, 101
de Polignac, Alphonse, 57-58
Desafiando o aluno, 18-19, 41-52
 aplicações algébricas, 45-47

 círculo, circunferência do, 48-50
 números primos, 43-45
 ordem das operações, 41-44
 π, 46-48
 polígonos, ângulos internos, 49-50
 série geométrica, 52
 triângulos, congruência de, 50-51
Desboves, A., 90
Divisão
 por 25, 82-84
 por zero, 58-59
 regras de divisibilidade, 87-88

E

Einstein, Albert, 117
Elias de Vilna, 88
Elipse, 125
Equações
 de 2º grau, raízes, 29-31
 exponenciais, 30-31
Eratóstenes, 44-45
Esfera, volume/área de superfície, 96-98
Espaguete, 114
Euclides, 117
Euler, Leonhard, 89
Expoentes inteiros não positivos, 34-35

F

Fator surpresa. Ver Resultados impressionantes
Fatores, 75-76
Fermat, Pierre, 51
Fermat, Ponto de, 51
Fillmore, Millard, 101
Fórmula de Heron, 26-28

Fórmula do cálculo das raízes de uma equação do 2º grau ou fórmula de Báskara, 28-29
Fourier, José, 50
Função, 111
  bijetora, 111
  que produz números primos, 97-98
  sobrejetora, 111
  trigonométrica da soma de ângulos, 108-109
  um-a-um, 111

G

Garfield, James A., 91-93, 117
Gauss, Carl Friedrich, 90
Gematria, 88
Goldbach, Christian, 89

H

Harding, Warren G., 99
Harpedonaptas, 116
Heron de Alexandria, 27-28
Hexágono, 49-50, 122, 124
Hipérbole, 125
História pertinente. *Ver* Histórias
Histórias, 19-20, 86-98
  esfera, volume/área de superfície, 96-98
  função que produz primos, 97-98
  lei dos senos, 94-96
  números primos, 89-90
  π, 87-89
  regras de divisibilidade, 87-88
  soma de uma série aritmética, 90-91
  Teorema de Pitágoras, 91-93
  triângulo, baricentro, 92-95

I

Icoságono, 38-40
In Mathematical Circles (Eves), 87-88
Iniciando uma lição, 17-18
Inteiros negativos, 34-35
Introdução à Aritmética (Nicômaco), 44-45

J

Jefferson, Thomas, 101
Jogo justo, 59-60

L

Lacuna no conhecimento do aluno, 17-19, 21-31
  círculo, secantes, ângulos, 24-25
  círculo, segmentos tangentes, 26-27
  equação de 2º grau, raízes, 29-31
  equações exponenciais, 30-31
  fórmula do cálculo das raízes de uma equação do 2º grau, 28-29
  números imaginários, 28-30
  quadriláteros, 23-24
  razão da tangente, 22-23
  triângulo, área do, fórmula de Heron, 26-28
Lacuna no conhecimento. *Ver* Lacuna no conhecimento do aluno
Lagrange, Joseph-Louis, 50
LAL teorema de congruência, 51
Laplace, Pierre-Simon, 50
Lei dos senos, 94-96
Lincoln, Abraham, 91
Linha intermediária de um triângulo, 106-108
Losango, 23

M

Mascheroni, Lorenzo, 50
Matemática recreativa, 18-19, 74-85
  álgebra, peculiaridades aritméticas, 79-82
  álgebra, problemas de algarismo, 84-85
  divisibilidade por 25, 82-84
  fatores, 75-76
  peculiaridades contraintuitivas algébricas, 81-83
  pensar antes, depois procurar uma solução, 77-78
  porcentagem, 76-77
  racionalizando um denominador, 78-79
Materiais preparados pelo professor/disponíveis no comércio, 19-20, 110-125
  círculo, área do, 112
  círculo, medição de ângulos, 118-122
  função, 111
  parábola, 124-125
  polígono regular, 122, 124-125
  Teorema de Pitágoras, 115-119
  triângulo, soma de ângulos do, 113-114
  triângulos, desigualdade de, 114-116
  triângulos semelhantes, 121-122, 124
Materiais vendidos prontos. *Ver* Materiais preparados pelo professor/disponíveis no comércio
Materiais. *Ver* Materiais preparados pelo professor/disponíveis no comércio
Men of Mathematics (Bell), 87-88
Monge, Gaspard, 50
Monroe, James, 101
Motivação, 16-18
  extrínseca, 16
  intrínseca, 16
Multiplicando, 84
  por 25, 82-84

N

Natureza da prova, 54-59
Nonágono, 39
Números
  complexos, 28-30
  imaginários, 28-30
  palíndromos, 34, 77
  primos, 43-45, 89-90

O

Octógono, 122, 124
Olhando além do esperado, 60-62
Oliveira e Silva, Tomas, 90
Ordem das operações, 41-44

P

Padrões, 18-19, 32-40
  cautela, 35-37
  contagem de combinações, 39-40
  expoentes inteiros não positivos, 34-35
  polígonos, ângulos internos de, 38-40
  técnicas de contagem, 33-34
Pantógrafo, 121-122
Parábola, 124-125

Paralelogramo, 23
Pensar primeiro, em seguida, procurar uma solução, 77-78
Pipping, N., 89
Pitágoras, 115-119
Polígono
　ângulos internos do, soma dos, 38-40, 49-50
　regular, 122, 124-125
Polk, James K., 100
Poncelet, Jean-Victor, 50
Porcentagem, 76-77
Princípios gerais, 19-20
Probabilidade, 99-101
　datas de morte, 101
　espaço amostral, 59-61
　problema dos aniversários, 53, 99-101
　resultados esperados, 70-71
Problemas de algarismos, 84-85, 101-103, 105-106
Proporções, 64-65
Prova
　natureza da, 54-59
　Teorema de Tales, 55-56
Pythagorean Proposition, The (Loomis), 117

Q

Quadrado, 23
Quadriláteros, 23-24

R

Racionalizar um denominador, 78-79
Razão da tangente, 22-23
Regras básicas, 19-20
Resultados esperados, probabilidade, 70-71
Resultados impressionantes, 18-19, 53-63
　área, 60-63
　divisão por zero, 58-59
　natureza da prova, 54-59
　série geométrica infinita, 62-63
　tamanho da amostra, 59-61
　Teorema de Tales, 55-56
Resultados surpreendentes. *Ver* Resultados impressionantes
Retângulo, 23
Richstein, Jörg, 90

S

Segmentos tangentes (círculo), 26-27
Série geométrica, 52. *Ver também* Série geométrica infinita
Série geométrica infinita, 62-63
Simultaneidade
　triângulo, alturas, 72-73
　triângulo, bissetrizes, 67-69
　triângulo, medianas do, 94-95
Sistema de numeração de base 2, 104
Soma de uma série aritmética, 90-91

T

Taft, William H., 101
Tales, 66
Tamanho da amostra, 59-61
Técnicas de contagem, 33-34
Técnicas de motivação
　curiosidades matemáticas, 19-20
　desafiando o aluno, 18-19
　histórias, 19-20
　lacuna no conhecimento do aluno, 17-19
　matemática recreativa, 18-19
　materiais, 19-20
　padrões, 18-19
　resultados surpreendentes, 18-19
　utilidade do tema, 18-19
Teorema
　das cordas secantes, 71
　de Pitágoras, 91-93, 115-119
　de Tales, 55-56

Trapezoide, 23
Triângulo
　alturas, simultaneidade, 72-73
　área, fórmula de Heron, 26-28
　baricentro, 92-95
　bissetrizes, simultaneidade, 67-69
　circuncentro, 72
　congruência, 50-51
　de Pascal, 37
　desigualdade, 114-116
　linha intermediária, 106-108
　semelhante, 66-67, 121-122, 124
　soma dos ângulos, 113-114

U

Utilidade do tema, 18-19, 64-73
　aplicações algébricas, 65-66
　círculo, cordas secantes, produto, 71-72
　proporções, 64-65
　resultados esperados, probabilidade, 70-71
　triângulo, alturas, simultaneidade, 72-73
　triângulo, bissetrizes, simultaneidade, 67-69
　triângulos semelhantes, 66-67
　volume de cilindro circular direito, 69-70

V

Valor de posição 101-102
Varignon, paralelogramo de, 106
Varignon, Pierre, 106
Volume
　cilindro circular reto, 69-70
　esfera, 97-98

W

Washington, George, 91
π, 46-48, 87-89